GDPR跨境数据合规实务

郑啸哲　卢京京◎著

首都经济贸易大学出版社
Capital University of Economics and Business Press
·北　京·

图书在版编目(CIP)数据

GDPR 跨境数据合规实务 / 郑啸哲, 卢京京著. -- 北京:
首都经济贸易大学出版社, 2023. 5
ISBN 978-7-5638-3497-6

Ⅰ. ①G… Ⅱ. ①郑… ②卢… Ⅲ. ①个人信息—隐私
权—法律保护—研究 Ⅳ. ①D912. 704

中国国家版本馆 CIP 数据核字(2023)第 054074 号

GDPR 跨境数据合规实务
GDPR KUAJING SHUJU HEGUI SHIWU
郑啸哲 卢京京 著

责任编辑 王晓云
封面设计 砚祥志远 TEL: 010-65976003
出版发行 首都经济贸易大学出版社
地　　址 北京市朝阳区红庙 (邮编 100026)
电　　话 (010)65976483 65065761 65071505(传真)
网　　址 http://www. sjmcb. com
E - mail publish@cueb. edu. cn
经　　销 全国新华书店
照　　排 北京砚祥志远激光照排技术有限公司
印　　刷 唐山玺诚印务有限公司
成品尺寸 147 毫米×210 毫米 1/32
字　　数 256 千字
印　　张 12. 375
版　　次 2023 年 5 月第 1 版 2023 年 5 月第 1 次印刷
书　　号 ISBN 978-7-5638-3497-6
定　　价 68. 00 元

它山之石可以攻玉

——《GDPR 跨境数据合规实务》序

张红力

当今世界，数字经济已经成为推动经济增长的重要引擎之一，而数据作为数字经济中的核心要素，在数字化浪潮中扮演着越来越重要的角色。现在，我国正在以更加积极开放的姿态融入全球经济大循环，在追求高水平对外开放的同时，只有确保数据隐私安全，才能为数字经济发展提供持续的动力，党的二十大报告中也再次强调了个人信息保护、数据安全的重要性。与此同时，伴随着企业和个人日益增加的数据安全需求，保护数据和隐私安全也渐渐成为共识，许多国家也都在通过立法保护数据和隐私安全，其中具有代表性且对其他国家相关立法进程产生重要影响的条例，是欧盟于 2018 年通过生效的《通用数据保护条例》（General Data Protection Regulation，GDPR）。该条例是欧洲数据保护史上一部严格的法规，被认为是现代数据保护和隐私保护的里程碑，对于推动全球数据治理和信息安全具有重要意义。

GDPR 要求数据控制者和处理者在数据传输过程中应遵守相应的规则和流程，以保障数据主体的合法权益。同时，GDPR 也对全球范围内处理欧盟居民数据的企业和组织产生了影响，要求其必须遵守 GDPR 规定的标准和要求，否则将面临高额罚款和其他法律风险。GDPR 的实施不仅大幅提升了欧盟内个人数据和隐私安全的保护力度，而且直接或间接地影响到了全球数据保护的执行标准。因此，了解 GDPR 的要求、原则以及实践经验，对于企业构建完善的数据保护体系、满足跨境数据合规监管十分关键。不仅如此，随着海量数据深度参与产业发展与贸易交流，深入研究与理解国际数据保护法律，增强法律层面的数据安全保障，将是建设国家安全保障体系中的关键一环，也将有助于完善法制建设、增进法治实践，从而推动法治进程与时俱进地迈入数字经济新时代。

在这个背景下，啸哲作为一位法律界新锐，凭借着自己专业的法律知识与丰富的工作实践，撰写完成了《GDPR 跨境数据合规实务》一书，不仅为企业和法律从业者提供了重要的借鉴价值，亦为国内对欧盟 GDPR 的系统性研究文献添砖加瓦。本书以 GDPR 为切入点，介绍了欧盟数据保护法律框架和跨境数据合规实践经验，旨在帮助企业和从业者了解 GDPR 对于跨境数据的合规要求。

本书最大的特点在于将 GDPR 与跨境数据合规实务相结合，深入探讨了跨境数据传输、处理过程中可能存在的问题以及相应的合规解决方案，重点讲解了 GDPR 对于个人数据保护和隐私安全的要求，并分析了这些要求对于企业在跨境数据传输和处理方面的影响。通过详细的条款解析与案例分析，本书为企业和相关从业者在跨境数据传输和处理等方面提供了可操作的实践建议，帮助企业在跨境数据传输和处理的过程中遵守 GDPR 合规要求。在 GDPR 的监管和执法方面，本书指出 GDPR 作为欧盟颁布的一项全面的数据保护法律，其立法先进性不仅体现在详细的个人数据保护规定，更体现在严格且具体的执法条文以及明确了各监管主体在个人数据保护中需要承担的角色和作用。在保护个人数据和隐私安全方面，GDPR 的相关立法、执法和案例对其他国家在此领域的立法进程与实践具有重要的参考价值。

本书概括全面、深入细致，能够满足各类读者对于 GDPR 跨境数据合规实务的不同需求。书中不仅提供了基本的理论知识与简洁易懂的实例，可以帮助初学者快速入门和理解 GDPR 的核心内容，而且也提供了详实的条文解释、案例分析与示例模板，可以帮助专业人士和法律从业者更好地解决 GDPR 实操问题，从而确保企业跨境数据合规工作的顺利进行。

《GDPR 跨境数据合规实务》一书内容丰富、实用性强，对于希望了解 GDPR 跨境数据合规要求与实务操作的企业和从业者来说，是一本不可多得的参考指南。

前　言

近几十年来，随着通信技术、存储技术以及互联网技术日新月异的发展，我们的生活已经越来离不开网络和数据的参与。移动互联网技术的出现，让整个社会的生产效率发生了翻天覆地的变化，无数过去只存在于科幻小说中的情节成为我们身边习以为常的生活片段。然而，技术的发展永远是一把双刃剑，在当今社会生活得到极大方便，社会效率得到空前提升的同时，我们似乎越来越难以控制我们的个人隐私。大数据，云计算，人工智能，一个个高端大气的词语背后是无数个人数据因缺乏保护而被肆意使用的事实，关乎个人权利和自由的个人数据保护成了科技进步进程中的牺牲品。在这一大背景下，全世界的主流国家都在试图通过立法保护个人数据和个人隐私，而在这些立法中，最具代表性，立法技术最完善，且对其他国家的立法进程产生了最大影响的，当属欧盟于2018年通过生效的《通用数据保护条例》（General

Data Protection Regulation，GDPR）。这部欧盟法律的出台，标志着数据保护立法第一次有了自成体系和结构完整的法源基础，更标志着个人数据和隐私保护从一种基于公序良俗的意识形态变成了社会规则中不可缺少的关键组成部分。GDPR 的出现不仅让欧盟内个人数据保护的力度提升到了前所未有的层次，也直接或间接启发了世界其他国家和地区的立法者和法律从业者，比如我国于近年制定的《中华人民共和国个人信息保护法》（以下简称《个人信息保护法》），就是典型的参照 GDPR 制定的产物。GDPR 出现后，给本就体量庞大的欧洲企业合规体系增加了新的内容。目前，GDPR 强大的域外效力，使所有处在欧盟或者业务涉及欧盟市场的企业或商业组织，都难以规避这部法律的适用。例如，位于美国的公司 Meta（原 Facebook）近期就因旗下社交媒体平台 Instagram 的一些细节性的数据处理操作违反 GDPR 的规定被爱尔兰数据监管机构处以 4.05 亿欧元的巨额罚款。由于我国是制造业大国、出口贸易大国和互联网服务大国，所以对于我国企业而言，考虑到欧盟市场的重要地位以及违反 GDPR 的严重商业和非商业后果，了解并重视 GDPR 的相关规定是非常必要且十分关键的。同时，考虑到《个人信息保护法》在立法技术以及立法精神上对 GDPR 的借鉴程度，GDPR 在欧盟的法律实践又可以在很大程度上对我国未来的数据合规体系的司法实践在比较法层面产生影响。目前，我国数据合规立法、执法以及裁判案例尚处早期相对不完善的法律环境下，因此，了解并熟悉 GDPR 对国内企业和法律从业者应对未来国内的数据合规要求而言也是十分有参考意义的。

笔者在律师执业过程中，有幸为一定数量的欧盟企业以及响应“一带一路”号召在欧洲市场进行探索的内资企业提供法律服务，其中既有注册于英国和立陶宛的有限公司，也有注册在开曼群岛或塞舌尔群岛的离岸公司或非营利性基金会，还有主要机构在国内但业务大量涉及欧盟市场的跨境支付服务企业。对于这些企业而言，GDPR 的法律合规几乎是企业合规体系中必须首先考虑的一环。由于业务领域不同、存在语言障碍以及这一领域具有新颖性等，我国学术界对这一领域的探讨相对较少。因此，本书基于笔者在为相关企业服务过程中的实际经验，结合 GDPR 以及相关欧盟数据保护立法的规定，对以 GDPR 为主的欧盟数据保护法律体系进行了较为全面的阐述，希望能够抛砖引玉，为我国企业以及我国的法律从业人员在这一领域贡献一些自己的思考。当然受限于笔者的实际能力，本书部分内容的深度可能有所欠缺，甚至可能会有少许错误，也希望广大同仁能够在扬弃本书内容的基础上继续探索，为我国在这一领域的法律保障体系做出新的贡献，实现中华民族伟大复兴，共圆中国梦！

目 录

第一章

欧洲数据保护法律的体系

1. 背景

在介绍以 GDPR 为首的欧盟数据保护法律体系前，首先要对欧盟的立法机制进行一个初步的介绍。欧盟作为一个拥有 27 个成员国的超国家政府组织，与立法有关的机构设置主要由三个关键部分组成，分别是欧盟委员会（EU Commission）、欧盟议会（EU Parliament）以及欧盟理事会（EU Council）。欧盟委员会有权力起草立法草案，也是法案的实际执行机构。欧盟议会则是由民选代表组成的议会，类似于下议院，其有权向欧盟委员会提出立法建议。欧盟理事会则是由各个成员国政府任选的官员组成的，类似于上议院，其也有权向欧盟委员会提出立法建议。当欧盟委员会起草立法草案后，会将草案分别提交欧盟理事会和欧盟议会审议和修改。若欧盟理事会和欧盟议会通过该草案，则草案生效为正式的法律。在这一机制下，欧盟通过的法律分为三个种类，分别是必须由各个成员国强制执行的“条例”（regulation），可以由成员国根据自身情况进行灵活适用的“指导”（directive），以及仅针对特定事由或对象的“决定”（decision）。而本书主要讨论的 GDPR，其全称为 General Data Protection Regulation，顾名思义这是一个必须要在欧盟所有成员国强制执行的“条例”，具有最高的立法地位和执行效力。

对个人数据保护的立法探索开始于 20 世纪 70 年代，电脑的使用逐渐开始把大量的数据从单纯的纸张文件迁移到了电子计算机中。这种容易复制且容易传播的信息保存方式立刻引起了人们对个人隐私的担忧，从那时起，相应的立法探索也陆续展开。在20世纪80年代中，英国、德国、卢森堡等欧盟成员国国内法的立法实践逐渐积累并形成了一些个人数据保护方面的共识。在此基础上，欧盟开始了对个人数据和隐私保护领域的立法。

欧盟关于个人数据隐私的立法原点始于1950年在罗马签订并于1953年9月生效的《欧洲人权公约》（ECHR）。虽然ECHR并不是针对个人数据隐私方面的立法，但由于其规定了许多诸如保障个人自由和安全方面的基础价值保障，并且有欧洲人权法院作为法律执行的保障机构，因此这一条约为后续个人数据隐私的保护提供了最初期的立法和制度保障。到了20世纪80年代，欧洲理事会在与经济合作与发展组织（OECD）合作的基础上参与发布了《保障私隐指引及个人数据跨境流动指引》（OECD Guidelines），进一步对一些基本数据保护概念作出规定并对实施个人数据保护提出了统一标准的倡议。

之后，欧洲理事会在1981年发起了《关于自动处理个人资料的个人保护公约》（以下简称《第108号公约》）在欧共体的签署。在《第108号公约》中，欧洲理事会认为，那些以计算机形式持有和使用个人信息的人有保护这些个人数据的社会责任，并希望在其成员国之间实现更统一的数据保护标准，以扩大对每个人的权利和基本自由的保障力度。《第108号公约》巩固了20

世纪70年代决议的内容，是在数据保护领域第一个具有法律约束力的国际文书。与OECD Guidelines有所不同，该公约要求签署国在其国内立法中采取必要步骤，适用其所规定的处理个人信息的原则。《第108号公约》也是第一个为保护个人数据制定了相对具体的标准的国际公约，包括数据保护原则的实施准则、跨境数据传输要求及制度保障体系等最基本的数据保护立法要件。

《第108号公约》和OECD Guidelines的目标是在国际协议的原则基础上引入一种统一的数据保护方法，并由成员国根据各自情况自行决定如何适用。然而，从早期开始，这些原则运用在国内法律导致了一系列相互独立的数据保障体系的出现，个人数据保护体系的杂乱性阻碍了欧盟在罗马公约中希望实现的完全自由贸易。为了统一个人数据保护体系，欧盟在《第108号公约》的立法理念和立法实践基础上，于1995年通过了《95/46/EC号指导》，进一步协调保护个人的基本隐私权与数据从一个成员国到另一个成员国的自由流动之间的关系，并保持立法体系与ECHR第8条和第10条的一致性。然而，由于该指导在欧盟的立法体系下并不对各成员国有强制执行力，成员国在实施和应用该指导的方式和方法上存在显著差异，导致难以充分发挥欧洲内部统一市场的便捷性和效率，为跨国企业开展业务增加了非常多的障碍。

在《95/46/EC号指导》出台后到GDPR生效前，还有一些其他的国际公约促进了欧盟数据保护法律的发展，其中就包括2009年签订的《里斯本条约》（Treaty of Lisbon）。签订《里斯本条约》的主要目标是加强和改善欧盟的核心组织结构，使其能够更有效地发挥作用，而对于数据保护方面，条约中的条款确保所有欧盟机构在处理个人数据时必须保护个人的权利和自由。

而最终生效于 2018 年的 GDPR 则标志着欧盟数据保护法律的又一次完整进化。为了应对数据保护法律在欧盟实施不统一的问题，欧盟委员会于 2009 年启动了对当时有关数据保护的法律框架的审核研究计划，并于 2010 年制定了加强数据保护规则的战略。在这一背景下，欧盟委员会在 2012 年 1 月提议对《95/46/EC 号指导》进行全面改革，制定《通用数据保护条例》（GDPR），从而在整个欧盟实施一套单一的规则。当然，GDPR 依然允许各欧盟成员国在某些情况下为 GDPR 在国内的实施制定更具体的规则。这意味着在 GDPR 在实践中，各欧盟成员国之间仍将存在一些分歧。成员国可以作出进一步立法规定的领域包括处理特殊类型敏感数据的具体要求、为公共利益以及科学研究等非直接商业目的进行数据处理的要求等（详见 GDPR 第 6 条、第 9 条、第 88 条、第 89 条之规定）。

GDPR 的生效完全替代了《95/46/EC 号指导》，成为迄今为止在全球范围内规定内容最广泛细致，立法技术最完善的一部个人数据保护法律文件。GDPR 不仅在欧洲，在全世界范围内都有着非常大的影响力，这既是因为其先进的立法技术正在被全世界的其他国家和地区借鉴，更是因为其强大的域外效力让大多数业务涉及欧洲市场的商业和非商业主体都不得不正视这部立法的存在并严格遵守。中国近期出台的《中华人民共和国个人信息保护法》（以下简称《个人信息保护法》）也在很大程度上借鉴了GDPR 的规定和立法技术，但相对于 GDPR，《个人信息保护法》在立法的精细度上是有欠缺的，再加上目前相关判例较少，在实践中可能会出现比较大的法律解释空白问题。因此，对于聚焦于我国本土市场的法律从业者或学术研究者而言，深入研究 GDPR 的规定和司法实践也能够在比较法的层面上对我国未来的数据保护法律的执行及发展情况有一个更加全面的认识。

当然，除了 GDPR 主要对公民个人隐私保护方面作出规定外，欧盟范围内的其他立法则对个人隐私外的其他方面作出了规定，这些立法共同构成了欧盟的数据保护法律体系。下面将逐一对这些立法进行简要介绍。

2. GDPR

GDPR 包含 173 个序言（recital）以及 99 个法条（article），其中，序言对 GDPR 的立法理念和法律解释方法进行了概括性的论述。虽然名字被称为序言，但事实上在欧盟的立法习惯中，序言往往涵盖非常多的在法律实践过程中解读法律的解释方法，甚至包括很多对于法条要求的量化解释，比如 GDPR recital 59 就对响应数据主体请求的合理时间作出了 1 个月的定量解释。因此，对于任何想要深刻理解 GDPR 内涵的学者或法律从业者而言，认真研读序言甚至比研读法条本身更加重要。

GDPR 是一部体现了欧盟委员会雄心的复杂且严格的法律，它改变了个人信息在全球范围内收集、共享和使用的方式。虽然 GDPR 所规定的概念及原则与《95/46/EC 号指导》中的概念及原则基本相同，然而影响却要大得多，并且在很多方面作出了更新，这些更新大致包括：

①其适用方式为直接适用而非需要欧盟成员国将其转化为国内法。

②GDPR 可以直接适用于不在欧盟拥有实体的企业或机构。

③通过强制性的立法给予个人对他们个人数据更大的控制权。

④引入了详细的有责性要求和证明自己行为合规的证明责任要求。

⑤将数据控制人和数据处理人分开处理，引入了专门适用于数据处理人的法律义务。

⑥在关于跨境数据传输问题上，明确引入了公司约束规则（BCRs）与标准合同条款（SCCs）的要求。

⑦考虑到数据的安全性，将安全保存数据的义务同时施加于数据控制人和数据处理人，并引入在发生数据泄露事故时在 72 小时内向数据合规监管机构报告的义务。

3.《执法数据保护指令》（LEDP）

在就 GDPR 的生效达成协议的同时，欧盟委员会、欧盟理事会和欧盟议会就一项针对警察和刑事司法部门的新欧盟执法数据保护指导达成了协议，该指导旨在保护公民在刑事执法部门使用个人数据时获得数据保护的基本权利。LEDP 的立法目标主要有三个：

①在警察和刑事司法部门执法中更好地保护公民的个人隐私，不论被执法的公民是否被定罪，也不论其是否是犯罪嫌疑人。LEDP 通过要求各成员国确定独立于公安和司法部门的数据合规监管机构对警察和刑事司法部门的执法过程进行监督，并以提供独立的司法救济途径的方式，确保欧盟范围内所有的公安和刑事执法中的数据处理行为都遵守必要性、相称性和合法性的原则，并为个人提供适当的保障。

②加强执法部门之间的合作。根据 LEDP 的规定，欧盟成员国的执法部门能够更有效地交换调查所需的信息，加强在打击恐怖主义和其他严重犯罪方面的合作。

③明确执法过程中国际数据流动的相关规则。LEDP 还包含了欧盟外执法部门跨境转移个人数据的具体规则，以确保欧盟的个人数据保护水平。

4.《隐私和电子通信指导》（ePrivacy Directive 2002/58/EC）

生效于 2002 年的《隐私和电子通信指导》是欧盟数据保护法律框架中另一个非常重要的一环，是欧盟针对互联网和先进数字技术在信息社会的发展对隐私保护的危险作出的应对。这与 GDPR 所针对的商业场景是略有不同的，GDPR 第 95 条明确规定了该法规规定的内容不会进一步对《隐私和电子通信指导》所针对的监管事项作任何规定。

（1）《隐私和电子通信指导》的主要内容

《隐私和电子通信指导》主要适用于在公共通信网络中提供公开电子通信服务有关的个人数据处理。需要注意，公开的电子通信网络是适用该指导的必要条件，如电子通信服务不是公开提供的，则该指导并不适用。这意味着，通过私人网络（如公司内联网）进行的通信一般不受该指导管辖。《隐私和电子通信指导》对数据处理的规定主要包含以下方面：

①对于任何订阅内容，在把相关主体加入订阅者库之前，必须先通知订阅者。

②除了个人对个人的电话直销外，大多数形式的数字营销，包括电子邮件、短信、彩信和传真，在不符合少数豁免要求的情

况下，都需要事先取得被营销对象的同意（opt-in）。

③只有在数据匿名的情况下，或者在用户同意的情况下，并在提供增值服务所需的时间内，才可以处理用户的位置数据。

④在进行流量和计费数据的处理时会受到某些限制。

⑤公开提供电子通信服务的供应商必须采取适当的技术及组织措施，并在适当情况下与提供服务的网络供应商合作，以确保数据安全。此外，服务提供商一般有义务将网络安全受到破坏的任何特定风险通知用户。

⑥各欧盟成员国必须通过立法或行政执法措施确保公开通信服务和此类通信产生数据的保密性，确保通信和数据不被拦截和监视，除非征得用户同意，或拦截和监视得到法律授权。

⑦各成员国可采取相关措施，以确保终端设备的设计和功能符合数据保护的要求。然而，成员国应避免实施强制性的技术标准，因为这可能会阻碍设备在欧洲统一市场的部署，并可能会阻碍这些设备在成员国之间的自由流通。

《隐私和电子通信指导》自 2002 年生效后在 2011 年经历了一次重大修改，比如要求服务商对任何数据泄露事故向监管机构和所涉及的个人报告，以及对未经许可的骚扰信息作出更严格的规定。但这次修改中影响最大且颇具争议的变化在于对网站 cookies（浏览网页后存储在计算机的缓存文件，网站浏览信息数据）使用的相关规定。该指导第 5（3）条规定，用户或用户的终端机设备内储存的资料（cookies），只有在根据该指导获得有关用户的同意，并在用户已获知明确及全面信息的情况下，才可以进行使用，除非使用 cookies 是网站或设备运行所必需的，或者使用 cookies 是用户或用户明确要求提供信息的社会服务所必需的。

（2）《隐私和电子通信指导》的未来发展

与 GDPR 生效前的《95/46/EC 号指导》一样，《隐私和电子通信指导》自 2002 年生效以来，在欧盟各国的实施情况一直都呈现一种非常不统一的状态。在欧盟的立法理念下，任何法律实施的不统一都是对欧盟统一市场的危害。介于此，欧盟委员会在 2017 年，发布了统一《隐私和电子通信指导》实施并订立新的隐私和电子通信条例（ePrivacy Regulation）的计划。新的条例预计会出台一系列统一的规定并在欧盟范围内强制性实施，加强公共通信中的隐私保护，防范电信诈骗，对 cookies 的使用作出一致性的明确规定，并制定统一的罚款和其他行政处罚标准。目前，这一立法进程还在草案研究阶段，但可以预见到，隐私和电子通信条例生效后，将与 GDPR 一起构成数据保护法律体系的两个支柱，在不同方面对欧盟及全球的数据保护立法和司法实践产生重大的影响。

5.《数据保留指导》（Data Retention Directive）

《数据保留指导》的立法是在大众对国际恐怖主义威胁高度

关注，并希望政府对威胁作出反应的背景下提出的。《数据保留指导》旨在统一数据保留在整个欧盟成员国的规则，以确保用于打击严重犯罪和反恐目的的数据流量信息和位置数据的可用性。该指导自生效以来引发了学界和司法界的很多质疑，欧盟成员国的一些法院裁定在当地实施《数据保留指导》的行为违宪。然后，在 2014 年，欧盟法院（CJEU）裁定该指导无效，理由是其内容与欧盟基本权利宪章下的隐私和数据保护权利不相符合。《数据保留指导》目前已经不再是欧盟法律的一部分，不过根据《隐私和电子通信指导》第 15（1）条，欧盟成员国保留采用自己的国家数据的法律权限，只要这些法律符合欧盟法律和 CJEU 裁决的基本原则。因此，一些欧盟成员国（如比利时和芬兰）提出了立法修正案草案，在单个国家层面实施了类似于《数据保留指导》的法案。

6.《网络和信息系统安全指导》（NIS Directive）

《网络和信息系统安全指导》于 2016 年 7 月 6 日由欧洲议会通过，并于 2016 年 8 月生效。该指导是第一个欧盟范围内的网络安全立法，旨在消除网络和信息系统所面临的安全威胁，从而促进欧盟范围内数字经济的发展。欧盟成员国被要求在 2018 年 5 月 9 日前将该指导融入其国家法律。网络和信息系统安全的指导的主要内容包括以下几个方面：

①要求每个成员国建立计算机安全事件响应小组（CSIRT）和主管国家网络信息系统的管理机构，以提高国家网络安全水平。

②在主要经济行为体中推广风险管理和事件报告文化，特别是对那些提供基本社会服务（如能源、交通、水力、银行、金融市场基础设施、医疗保健和数字基础设施）的运营商，以及基于搜索引擎、云计算和电子商务平台等的数字服务提供商。每个成员国都有责任确定适用于《网络和信息系统安全指导》的公司以及《网络和信息系统安全指导》要求将采取的确切形式。

③建立欧盟层面的合作机制，以及成员国间的合作机制，支持和促进战略合作和信息交流。成员国需要建立 CSIRT 网络，以促进针对特定网络安全事件的快速有效的行动合作，并共享有关风险的信息。

第二章

GDPR 部分术语理解以及法律的适用范围

1. 对 GDPR 部分术语的理解

为了更好地对 GDPR 的相关条款进行理解，有必要首先对 GDPR 中出现的一些专属于数据保护法律的术语作出准确的定义。

（1）个人数据（personal data）

在 GDPR 下，个人数据是指与已识别或可识别的自然人有关的任何信息。可识别的自然人是可以直接或间接地识别的人，特别是通过引用标识符来识别的人。在这一定义下，若一个自然人有可能被识别，那么即便关于这个自然人的某些信息不能直接将这个自然人识别，这些信息也都构成个人信息。例如，姓名、识别号码、位置数据、在线标识符或与该自然人的身体、生理、遗传、心理、经济、文化或社会身份有关的一个或多个因素皆可以构成个人数据，甚至包括位置信息，个人偏好和 cookies。因此，个人信息的范围实际上是非常广泛的。

为确定自然人是否可识别，应考虑到可能合理使用的所有手段，例如能够由数据控制人或另一人单独挑出并直接或间接识别该自然人。而为确定是否运用所有合理的且有可能的使用手段来识别自然人，应考虑到一切客观因素，例如识别的费用和所需的时间，同时考虑到数据处理时的现有技术和技术发展情况。

GDPR 中的个人数据并不包括已经死去的人的个人数据。当然，各个欧盟成员国可以单独立法规制死去的人的个人数据保护，但这些单独立法并不属于 GDPR 的立法体系，也不属于 GDPR 的下位法。

（2）数据处理（data processing）

GDPR 第 4 条规定："对个人数据或一组个人数据进行的任何操作或一组操作，不论是否以自动方式进行，皆构成数据处理，例如：收集、记录、组织、构造、储存、改编或更改、检索、咨询、使用、通过传输、传播或以其他方式提供而披露、对齐或组合、限制、删除或销毁等。"这个处理的定义非常广泛，基本上，一个组织在数据的生命周期中对数据所能做的几乎所有事情，包括最初的获取和最终的销毁，以及两者之间的存储，或对信息的任何使用，都相当于处理，应当被纳入数据保护法律的管辖范围。值得注意的是，该定义甚至扩展到仅存储信息的计算机硬盘驱动器、服务器、CD-Rom 或任何便携式存储设备，包括 U 盘。它还包括数据匹配、数据共享、数据挖掘和数据存储等活动。

需要注意的是，欧盟或各成员国主管当局为防止、调查、发现或起诉刑事犯罪或执行刑事处罚而对自然人进行的个人数据处理，并不是 GDPR 定义下的个人数据处理。这些与打击犯罪有关的数据处理受欧盟或各成员国刑事法律或刑事诉讼法律的管辖。

（3）数据主体（data subject）

一般而言，数据主体是指任何特定的个人数据所关乎的人。根据 GDPR 第 4（1）条的规定，能够直接或间接识别一个自然人的数据是个人数据，那么那个被这些数据识别的自然人则是 GDPR 意义上的数据主体。

（4）归档系统（filing system）

得益于信息技术的高速发展和普及，在目前的社会环境下，个人数据及数据处理所涉及的大部分数据都是以电子媒介进行存储或传输的数据，但这并不意味着非电子化的数据就不在 GDPR 的法律适用范围以内，以纸张，甚至雕刻方式承载的信息也有可能成为 GDPR 定义下的“个人数据”。但与电子化的数据自动可以被归类为个人数据不同，以纸张等方式记录的数据要想成为 GDPR 定义下的个人数据，就必须构成“归档系统”的一部分。而何谓归档系统呢？归档系统意味着数据是以某种特点的结构或方式进行存储的，因此一个归档系统的主要特点是参考个人的结构以及随时可以获得特定的信息，只有处于这样有分类逻辑的系统中的非电子化数据，才能构成 GDPR 下的个人数据。GDPR Recital 15 在提到手稿文件时指出：文件或文件集，以及它们的封面页，如果不是按照特定标准构造的，不应属于 GDPR 的管理范围。以在某一工作场所保存的一套员工人事档案为例，其中每个按字母顺序归档的记录都与特定的雇员有关，并包含与该雇员有关的明确索引的信息，则该档案构成归档系统，档案内的数据构成个人数据；相反，如果一个单独活页夹里含有一些资料，但没有按文件类别进行细分，特别是如果资料数量相当多且杂乱，则该活页夹可能不是一个结构化的文件，因此未必会构成有关归档系统的一部分，其内含有的数据也就不是 GDPR 下的个人数据。

（5）数据控制人（controller）

GDPR 第 4（7）条规定："数据控制人是指单独或与他人共同决定处理个人数据的目的和方法的自然人或法人、公共当局、机构或其他机构。"一般来说，所有的个体贸易商、自营业主、合伙企业和公司将成为控制人，包括所有线上或线下实体企业，如银行、保险公司、律师事务所、超市、博彩商店、眼镜商、牙医、互联网搜索引擎提供商、制药公司、电信企业（包括互联网服务提供商）和建筑公司等。此外，非法人协会，以及学校、地方当局、警察部队、消防部门、医院、政府部门等也会成为控制人。需要注意的是，数据控制人还必须区别于数据处理人，后者是一个实体，代表控制人处理个人数据。

根据 GDPR Recital 22，在欧盟中设立的数据控制人或数据处理人的任何数据处理行为都应按照 GDPR 进行。在这里"设立"意味着通过稳定的安排进行有效的数据处理活动。构成这种"设立”与组织采取的法律形式无关，无论是不具有独立法人资格的分公司还是具有独立法人资格的子公司，抑或是合伙或者个体经营者，都可以构成数据处理人及数据控制人。

（6）数据处理人（processor）

GDPR 第 4（8）条规定：“数据处理人是代表数据控制人处理个人数据的自然人或法人、公共机关、机构或任何其他机构。”数据控制人经常使用第三方公司来处理他们的数据，因为这样可以节省时间和成本。只要第三方仅仅执行控制人的指令，而本身不决定处理数据的目的或方法，那么它就是数据处理人，反之，数据处理者可能就会被划为数据控制人。很多第三方数据处理公司，以及提供数据处理服务的个人或组织，都有可能构成数据处理人，只要其数据处理是替他人处理他人提供的个人数据。

（7）数据接收人（recipient）

GDPR 第 4（9）条将数据接收人定义为，接受披露的个人数据的自然人或法人、公共机关、机构或其他机构。但根据欧盟法律，在进行调查中接收个人数据的公权力机关不被视为在 GDPR 定义下的数据接收人。

（8）特殊类别个人数据（special categories of personal data）

特殊类别个人数据一般是一些敏感数据，根据 GDPR 第 9（1）条的规定，数据控制人不能处理特殊类别数据，除非满足 GDPR 第 9（2）条的特殊规定。特殊类别个人数据包括：

①种族或族裔来源；

②政治观点；

③宗教或哲学信仰；

④是否为工会成员；

⑤遗传数据（用于确定一个独特的人的生理特征）；

⑥生物特征数据（用于确定一个独特的人的生理特征）；

⑦关于健康的数据；

⑧自然人的性生活或性取向的数据

（9）主要机构（main establishment）

对于在欧盟拥有一个以上机构的组织，GDPR 引入了“主要机构”的概念（第 4（16）条）。主要机构的位置决定了哪个国家数据合规监管机构将监管该组织。一般来讲总部的位置是一个组织的主要经营所在地，除非其决策主要出自另一个经营地。如果数据控制人或数据处理人位于欧盟以外，它必须在数据主体（提供商品、服务或行为被监控者）所在的欧盟成员国指定一名代表（在某些例外情况下可以不用），代表数据控制人或处理者，并与监管当局和这些数据主体打交道。

在确定哪里作为数据控制人的主要机构时应当考虑所有的客观因素，并且这些因素不应取决于个人数据实际的处理地点。同样，即使一个地点所在的机构开展过处理个人数据的活动或部署了处理活动的技术手段，也不意味着因此成为一个组织的主要机构。

数据处理人的主要机构应该是其在欧盟中的中央管理机构，如果数据处理人在欧盟中没有中央管理机构，则是以主要处理活动在欧盟中发生的地方为主要机构。

在同时涉及数据控制人和数据处理人的情况下，主要监管机构应仍然是数据控制人主要机构所在的成员国的监管机构，但数据处理人所在地的监管机构也应被认为是有关联的监管机构，该监管机构应参与 GDPR 规定的监管机构合作程序。

另外，当一个监管机构的执法决定只涉及数据控制人时，数据控制人所在成员国的监管机构不应被认为是有关联的监管当局。如数据处理是由一个集团或多个主体共同进行操作的，则集团的实际掌控者或多个主体中承担控制职能的主体所在的主要设立地应视为该集团或多个主体的主要设立地，但数据处理的目的和方法由另一主体进行决定的情况除外。

（10）假名化（pseudonymization）

假名化是指处理个人数据，使数据在没有使用额外的信息的情况下不能不再归因于一个特定的数据主体，这些额外的信息需要单独保存，并受技术和组织措施的约束，以确保个人不被识别。但需要注意的是，与匿名化数据不同，被假名化的个人数据仍然是个人数据，但假名化数据所受的约束相对于普通个人数据略少。

对个人数据采用假名化的做法，可减低有关数据主体的个人数据泄漏和被滥用的风险，并有助于数据控制人及数据处理人履行其个人数据保护义务。虽然 GDPR 明确引入“假名化”的相关条文，但这并不意味着采取假名化进行数据处理就可以免除其他个人数据保护措施的适用和实施。

（11）用户画像（profiling）

GDPR 第 4（4）条对用户画像进行了定义，即任何形式的个人数据自动处理，包括使用个人数据评估与自然人有关的某些个人方面，特别是分析或预测与自然人在工作中的表现、经济状况、健康、个人偏好、兴趣、可靠性、行为、地点或活动有关的情况。在这一定义下需要特别注意的是，网站对 cookies 进行收集，并以此为基础分析用户喜好和行为习惯的数据处理行为将会被认定为用户画像，而对应的 cookies 也就成为 GDPR 定义下的个人数据。

（12）一站式解决（one-stop shop）

“一站式解决”概念的提出，最初是为了应对一个组织在多个成员国开展业务，受到多个国家监管机构的监督时合规管辖的确定性问题。在一站式解决机制下，GDPR 通过指定一个“领导监督机构”作为任何特定数据控制人或数据处理人的主导监管机构来解决相关组织受到多头监管的问题。领导监督机构是数据控制人或数据处理人主要经营所在地国家的数据合规监管机构。

一站式解决机制是欧盟为了促进欧洲统一市场的有效性而在几乎所有欧盟立法中都贯彻的立法技术，从而让在欧盟多个成员国开展业务的商业主体能够在一个确定的监管机构的执法行为下处理涉及全欧洲的合规事项。除了数据保护领域，一站式解决机制在欧盟竞争法领域和消费者保护法领域也都有非常多的应用。

（13）WP29（article 29 working party）

WP29 是一个独立的欧洲工作组，负责在 2018 年 5 月 25 日即 GDPR 正式生效之前处理与隐私和个人数据保护有关的问题。WP29 对 GDPR 正式生效之前的欧盟数据保护立法的具体细节和执行标准作出了指导，对很多标准进行了细化。虽然理论上在 GDPR 生效后 WP29 已经不再负责处理此类事物，但 WP29 在这些年来制定的指导依然对 GDPR 相关规定的适用有着非常大的借鉴意义，并且各个数据合规监管机构以及欧盟执法机构依然将会在实践层面按照 WP29 的相关指导开展执法工作。

2. GDPR 的适用范围

(1) 概述

传统而言数据保护法律在之前欧盟的立法实践上主要适用于地理位置在欧盟的组织。然而，GDPR 相比之前的欧盟数据保护立法有着更广泛的适用性。GDPR 第 3 条规定，该法律适用于在欧盟（包括欧洲经济区（EEA）的国家）对个人有数据保护后果的任何活动。在这一规定下，其所适用范围主要包含四重理解：

①在欧盟境内有实体存在的个人数据控制人和个人数据处理人处理数据的行为，不论该处理行为本身是否发生在欧盟境内；

②对身在欧盟的个人的个人数据进行处理的行为，不论个人数据控制人和个人数据处理人是否在欧盟境内；

③对向欧盟境内的个人出售货物或提供服务的行为，不论这些服务行为是否收费；

④对在欧盟境内的个人行为进行监控和追踪的活动，包括根据用户行为进行广告推荐。

另外还需要注意到，以上这四重理解中的“在欧盟境内”，不仅包含实际在欧盟领土范围内的领土，也包括在法律上属于欧盟的领土，这就让位于非欧盟境内的成员国大使馆等也变成了GDPR 中“在欧盟境内”的范围，因此在使领馆内的个人数据处理也必须遵守 GDPR 的规定。

关于上述第③项中的向欧盟境内的个人出售货物或提供服务的行为，有时数据控制人的一些行为的性质并不能明确地认定为是在向欧盟境内的人出售货物或提供服务。例如，仅仅开设网站使欧盟境内的个人可以访问，或使欧盟境内的人可以通过电子邮件联系数据控制人，抑或是仅仅使用欧盟境内的语言，并不足以证明数据控制人有向欧盟境内的人进行销售或服务的意图。相反，使用一个或多个成员国普遍使用的一种货币或一种语言，并有可能以该货币订购商品和服务，或以该语言提及在欧盟的客户或用户，可能会明显表明数据控制人有向欧盟的数据主体提供商品或服务的意图。

关于上述第④项中的对在欧盟境内的个人行为进行监控和追踪的活动，为了确定数据处理行为是否可被视为监测数据主体的行为，应确定自然人是否在互联网上被跟踪，包括随后可能使用的个人数据处理技术，这些技术包括对自然人进行剖析，特别是为了作出有关其个人的决定或分析、预测其个人偏好、行为和态度而进行数据处理。

（2）在欧盟境内建立实体的理解

GDPR 第 3（1）条提出了“在欧盟境内建立实体”的概念，

虽然 GDPR 的法律条文没有直接对这一概念进行定义，但在 GDPR Recital 22 中作出了解释，即建立实体意味着通过稳定的安排进行切实有效的活动，并且这种安排的法律形式无论是通过分公司还是具有独立法人资格的子公司都不影响建立实体的定义。

欧盟法院在个案判决中的法律解释则对建立实体的详细标准在司法层面进行了解释。比如，在 Google Spain SL v. AEPD 案（Case C-131/12）中，法院发现 Google Spain SL 是代表位于美国的 Google（谷歌）总公司开展搜索业务在西班牙进行数据处理的，并且 Google Spain SL 与 Google 总公司有着不可分割的紧密关联性。因此，即便 Google Spain SL 本身并不经营搜索业务，该公司也需要就 Google 总公司的搜索业务受到 GDPR 的管辖。类似的，在 Weltimmo v. NAIH 案（Case C-230/14）中，在斯洛伐克成立的 Weltimmo 公司运营着一个广告业务网站，该网站瞄准了匈牙利市场，并且是用匈牙利语进行业务运作的。欧盟法院在考虑 Weltimmo 公司的行为是否能够被解释为在匈牙利建立实体从而接受匈牙利数据合规监管机构管辖时，认为组织的法律形式并不影响在一个国家内建立业务实体的事实，甚至组织仅仅在某国内有一个业务代表开展业务就已经构成了实体的建立，因此 Weltimmo 需要受到匈牙利数据合规监管机构的管辖。通过以上两个案例可见，只要在欧盟开展了业务，不论如何设计法律主体的结构框架，都很难逃过 GDPR 的约束。

不过需要注意的是，数据控制人委托另一个在欧盟的数据处理人进行数据处理并不意味着数据控制人就要受到 GDPR 的约束。例如，如果一家只向中国市场提供产品的中国零售商在法国指定了一家数据处理公司协助进行数据处理，则 GDPR 并不会适用于中国零售商，而这家法国的数据处理公司将受到 GDPR 管辖，因为它是在法国建立的数据处理人。

（3）对身在欧盟的个人的理解

GDPR 所保护的数据主体，并不一定是在欧盟具有国籍或居留权的自然人。GDPR Recital 14 对此作出了解释，即 GDPR 所提供的保护应适用于所有在欧盟境内的自然人，不论其国籍或居住地如何。相反，如果是欧盟的公民，但是没有生活在欧盟，并且数据处理人、数据处理行为也都没有在欧盟境内，则 GDPR 并不适用于对这些不生活在欧盟境内的欧盟公民的数据处理行为。可见，GDPR 采取的标准是严格地基于地理位置管辖而非基于国籍的管辖。

3. 明确不属于 GDPR 管辖范围的情况

（1）涉及国家主权和国家安全目的的个人数据处理

GDPR 第 2（2）（a）条规定，GDPR 的其他技术性规定不适用于“在不属于欧盟法律范围的活动过程中”处理个人数据。这包括涉及公共安全、国防和国家安全的个人数据处理操作。另外GDPR 第 2（2）（b）条规定，GDPR 的其他技术性规定不适用于“成员国在进行属于欧盟条约（TFEU）第五篇第 2 章范围内的活动时”的个人数据处理。这主要包括与欧盟共同外交和安全政策有关的活动。

（2）个人家庭生活行为豁免

GDPR 第 2（2）（c）条规定，GDPR 的其他技术性规定不适用于个人及家庭生活场景中的非业务性个人数据处理行为。例如，个人持有通信和地址簿并使用其中的联系方式进行通信或将这些信息与其他人分享，只要它们的使用是为个人目的，且与专业或商业活动无关，那么即使偶然涉及或可能涉及其他人的个人隐私，也不会构成违反 GDPR 规定的行为。另外，GDPR Recital 18 进一步解释，用于个人社交和家庭生活目的在社交网络进行的在线活动，即使涉及其他人的个人隐私，也依然符合 GDPR 第 2（2）（c）条的规定，属于被豁免的个人家庭生活行为。

不过，关于个人家庭生活行为的范围，在实践中还是存在进一步进行法律解释的空间。目前，个人家庭生活行为的外延还不是非常明确，比如在 František Ryneš v. Úřad pro 案（Case C-212/13）中，欧盟法院认为个人以防盗或住宅安全目的，采集房屋外的道路图像的行为，不能仅仅理解为个人家庭生活行为。

（3）司法机关为打击刑事犯罪进行的个人数据处理

GDPR 第 2（2）（d）条规定，由司法机关进行的，为预防、调查、侦查、起诉刑事案件或执行刑事处罚，包括保障公共安全和预防对公共安全的威胁而采取的个人数据处理行为，不受 GDPR 其他条款的约束。而对于这种类型个人数据处理的限制，主要在 LEDP 中进行规定。

第三章

数据保护的基本原则

GDPR 第五条规定了数据控制人在进行数据处理的过程中应当遵循的基本原则，这些原则继承了《第 108 号公约》和《95/46/EC 号指导》的立法理念，构成了欧盟数据隐私保护的基础。这些原则分别是：

1. 合法性、公平性和透明性原则

根据 GDPR 的相关规定，有关数据主体的个人数据将以透明的方式合法、公平地处理。换句话说，个人数据必须在法律依据存在的情况下进行处理，并且以公平和透明的方式对收集和使用个人的数据进行处理。

（1）合法性

合法性意味着只有当数据控制人具有处理数据的法律依据时，才能处理个人数据。为了让数据处理是合法的，它必须在特定情况下符合所有可能适用的法律。根据 GDPR，只有在满足以下法律理由之一的情况下，对个人数据的处理才会被认为是合法的：

①同意：数据主体已同意数据控制人为一个或多个特定目的处理其个人数据。

②合同履行：个人数据处理是执行合同（数据主体是合同的其中一方）的必要条件，或者是为了在签订合同之前应数据主体

的要求采取的步骤。

③法律义务：个人数据处理是数据控制人履行法律义务所必需的。

④个人切身利益：为保护数据主体或其他自然人的切身利益，个人数据处理是必要的。

⑤公共利益：为了维护为公共利益而执行的任务或行使官方授予数据控制人的权力，个人数据处理是必要的。

⑥合法利益：为保护数据控制人或第三方的合法利益，个人数据处理是必要的，除非这些利益与数据主体的利益及基本权利和自由相冲突，这时需要优先保护个人数据，特别是当数据主体是未成年人时，并且这一合法利益理由不能被用于行使公权力处理公共事务。

为了寻求在欧盟内部的协调，GDPR 规定对个人权利和自由的保护力度非常高，并通过规定上述法律标准在各成员国内达到一定的最低个人数据保护要求。然而，各欧盟成员国仍然保持引入或保存国内立法的某些权利，以进一步确定在某些情况下的法律实施，前提是这些国内立法的立法精神与 GDPR 相一致。关于合法性的详细论述将在之后章节中详细介绍。

（2）公平性

除合法性外，个人数据的处理必须符合公平性的要求。个人数据处理的公平性本质上意味着，数据主体必须了解其个人数据将被处理的事实，包括其个人数据将如何被收集、保存和使用，以便他们就是否同意对他们的个人数据进行数据处理在完全知情的情况下作出决定，并使他们有足够的信息能够在需要时行使其数据主体所能享有的个人数据保护权利。然而，在某些情况下，法律会允许某些方式的个人数据处理行为，因此这种情况下不管数据主体的认知或偏好如何，个人数据处理行为将被认为是符合公平性原则的。

此外，公平性还需要评估个人数据处理将如何影响数据主体的基本权利和自由。如果个人数据处理对数据所涉及的个人产生负面影响，并且这种损害是不公正的，那么这种数据处理将是不符合公平性原则的。例如，当用户浏览旅行社网站时，旅行社可能会收集和处理用户网页浏览行为的数据，旅游公司通过使用 cookies 或采用其他跟踪技术来分析用户在搜索机票和酒店时的偏好。如果系统被编程为自动作出针对某一特定时间段内服务价格的决定，并检测到同一个人多次访问该网站，那么搜索有关特定目的地的信息，根据该信息进行用户行为分析，而后基于分析结果对特定用户提高价格的行为大概率会被认为是进行不公平处理的行为，并且这种行为实际上也不符合欧盟关于消费者保护法或竞争法的相关规定。

总之，确保公平数据处理要求数据控制人考虑数据处理行为所涉及的有关情况，并通过提供可靠的信息和实施适当的机制来确保数据主体有足够的知情权以作出任何关乎其数据主体权利的决定。这种机制允许个人作出明智的决定和行使他们的选择权等权利，除非数据处理有其他合法依据。

（3）透明性

与公平直接相关的透明性原则是指，数据控制人在处理个人数据的过程中，必须对数据主体公开、透明。GDPR 鼓励数据控制人告知数据主体他们的个人数据是如何处理的，而向数据主体提供多少信息被认为是充分符合透明性原则的标准则将取决于数据处理过程中的具体情况。对于这方面，GDPR 在第 13 条、14 条中规定了数据控制人应向数据主体提供信息的最低标准要求，这些具体要求将在第六章中做详细的解读。

当数据控制人直接从数据主体处获得个人数据，并且数据主体已经知道相关数据处理信息时，GDPR 免除数据控制人的通知责任。此外，根据 GDPR14（5）（a）条之规定，在以下情况下，当个人数据是从其他来源收集时，GDPR 免除了数据控制人提供信息的义务，这些情况是：

①向数据主体提供信息的成本过于高昂或几乎不可能完成；

②有法律明确规定因保护数据主体的合法利益而需要限制信息披露的情况；

③有法律规定要求数据控制人必须对相关数据处理信息进行保密。

透明性还要求及时向数据主体提供资料。当直接从数据主体处获得个人数据时，在收集时必须提供相关的资料。当个人数据从其他来源获得时，GDPR 第 14（3）条规定了提供这些信息的不同时间。

此外，GDPR 第 12 条还要求提供给数据主体的信息清晰、简明和易于理解，并以无障碍的方式提供给数据主体。关于透明性的详细论述将在之后章节中介绍。

2. 目的限制原则

目的限制意味着数据控制人必须只收集和处理个人数据以达到指定的、明确的和合法的目的，而不能超出这些目的处理个人数据，除非进一步的数据处理行为被认为与最初收集个人数据的目的相适应。因此，数据控制人必须首先确定个人数据将被处理的特定目的。这样的目的将成为之后数据处理行为的边界，在此范围内收集和使用个人数据。对于二次处理，只有当这种处理被认为与收集个人数据的原始目的兼容时才能合法地进行。根据 GDPR 的要求，通常为统计、公共利益、科学或历史研究目的使用个人数据进行脱离于原始目的的二次处理将被认为是兼容的，但这些数据处理必须发生在欧盟或管理特定数据处理行为的成员国法律规定的限制范围内。

为了帮助数据控制人评估数据的二次使用是否与原始目的兼容，GDPR Recital 50 中作出了解释：“……数据控制人在已经满足了原始数据处理合法性的所有要求基础之上需要进行二次数据处理的，应考虑如下因素：

①这些原始数据处理的目的与预期的进一步处理的目的之间的关联性；

②个人数据被收集的情况，特别是数据主体根据其与数据控制人的关系而对其进一步使用的合理预期；

③个人数据的性质和类别；

④进一步数据处理可能产生的法律和现实后果；

⑤在最初的和打算进行的进一步数据处理中是否存在适当的保障措施。

当满足上述所有条件，且个人数据处理被认为是与原始目的兼容时，除了允许原始收集和使用个人数据的法律基础之外，不需要其他法律基础。然而，当个人数据处理被认为不兼容时，将需要一个单独的法律依据（例如在开始处理个人数据作新用途前，须得到数据主体的同意）。

违反目的性限制的一个典型案例是英国水务公司 XYZ Water plc，该公司拥有一个用户数据库，在将用户信息添加到该数据库中时，该公司告知用户他们的个人数据将被收集和用于与供水及水供应相关产品和服务有关的目的。然而几个月后，用户收到了来自电信运营商的广告营销信息，原因是 XYZ Water plc 将他们的个人数据出售给了电信运营商。最终这一明显不符合目的性限制原则的数据处理行为被监管机构发现并作出了严肃的处罚。

3. 数据最小化原则

GDPR 第 6（c）条规定的数据最小化原则是指数据控制人必须只收集和处理相关的、必要的和足以完成其数据处理目的的个人数据。数据最小化意味着数据控制人应该将个人数据的收集限制在与实现特定目的直接相关和必要的范围内。而在实践中，组织非常有可能违反这一原则的中的“直接相关”和“必要”要求，因为商业组织总是倾向于收集更多而不是更少的人的信息。

（1）必要性

数据控制人必须评估所收集的个人数据是否是对于实现特定目的所必要的。在数据最小化评估中，一般第一步是要评估验证是否可以使用匿名数据来完成特定的目的。数据控制人必须评估是否可以通过处理去除所有唯一标识的匿名数据来达到目的，如果可以的话，那么就有必要对个人数据作匿名化处理。此外，如果可以通过从数据处理过程中排除某些个人数据来实现数据处理的目的，那么这些可排除的个人数据与数据处理需要达到的目的相比就会是多余的，因此是不必要的。

（2）均衡性

数据控制人还应考虑收集的数据量。例如，数据控制人有可能收集大量的数据，但如果这些数据与数据控制人的数据处理目标相比是过度的，并且是没有任何限制的，那么这些个人数据将被认为是与数据处理目的不均衡的。因此，鉴于一般组织总是倾向于保存所有能够获取的个人数据，GDPR Recital 64 明确作出解释，“保存一切”的个人数据收集方法有很大可能会被认为是对数据最小化原则的违反。

GDPR Recital 39 规定，为了评估均衡性，数据控制人必须考虑数据处理手段对数据主体造成的潜在不利影响，以及验证是否存在其他可能对数据主体权利和自由侵入性较低的数据处理方式，或是否存在对数据主体的隐私影响较低的替代手段。不符合数据使用均衡性的一个典型案例是使用数据主体的生物特征数据（例如，指纹）来进行个人身份识别，在这种情况下，如果可以使用替代的和隐私影响较低的手段来实现相同的目的（例如，使用身份证照片），则直接使用指纹将被认为是违反均衡性的。

4. 数据准确性原则

数据控制人必须采取合理的措施，以确保个人数据的准确性，并在必要时保持个人数据的更新。数据控制人需要在数据收集过程中采取措施保障数据准确，并且在数据的后续处理中确保个人数据没有失真。在信息收集过程中，如果数据控制人没有正确验证信息的真实性，可能会出现个人数据不准确的情况。数据控制人必须评估收集信息的来源的可靠性，并在潜在的不准确可能对个人产生不利影响时格外注意。数据准确性原则还要求保留错误纠正的记录。

需要格外注意的是，确保数据控制人处理的个人数据准确性的义务是专门归属于数据控制人的，不能由数据控制人委托他人履行。如果数据控制人在进行个人数据处理时向数据主体发出一项声明，表明数据主体必须通知数据控制人关于其数据的后续更改，这一声明本身可能不足以满足数据控制人符合数据准确性原则的要求。但反过来说，将该原则解释为要求数据控制人以侵入性的方式积极调查数据主体的情况以检查数据的准确性也是明显不合理的，并且是完全不现实的。因此，为了达到遵守数据准确性原则的目的，数据控制人需要为数据主体提供检查和修订数据控制人所持有的个人数据的方法，例如，向客户提供年度报表，列出所持有的信息，或提供检查个人数据的方法，例如允许用户在其网站上联机查阅他们的详细资料，并允许其提供相关的更新。

5. 存储限制原则

GDPR 第 5（1）（e）条规定的存储限制原则是指个人数据的保存时间不得超过处理个人数据的目的所需的时间。换句话说，一旦个人数据不再需要被处理，数据控制人必须安全地将这些数据删除。因此，数据控制人必须评估个人数据是用于一个目的还是几个目的，并将处理限制在需要个人数据来完成特定目的的期间。例如，在招聘流程中以及在保持雇佣关系期间可能需要处理员工的个人数据。一旦招聘流程结束，雇佣者不得再保留未通过招聘的求职者的个人数据。

数据控制人必须核实适用法律中是否存在与处理类型相关的法定数据保留期。例如，为了遵守相关司法管辖区关于税收、健康和安全或就业的法律规定，个人数据可能需要较长时间的保存。而当法律没有规定时，组织内部数据的保留周期必须设置为满足存储限制原则。只有个人数据的处理仅仅是为了公共利益、科学、历史研究或统计目的的存档目的时，个人数据才可能会被保存较长时间。否则，只有当数据不可逆转地变成匿名数据时，或者在某些符合特定条件的情况下进行假名化后，数据控制人才可以超越数据处理目的的限制在较长时间内保留个人数据。

数据控制人在实际考虑个人数据的存储期限时需要注意到，存储限制原则不允许无限期或者以投机性目的长时间保存个人数据。投机性目的是指数据控制人声称未来“可能”需要这些数据用于某些目前尚未确定的目的。根据这一原则加以延伸，如果个人数据只有“极小可能”会被数据控制人使用，则不应因“以备万一”的目的而保留该个人数据。

6. 安全和保密性原则

GDPR 第 5（1）（f）条规定的安全和保密性原则是指，处理个人数据必须确保个人数据的安全，包括使用适当的技术或组织措施，防止未经授权的访问或非法处理，以及防止意外丢失、毁坏或损坏。GDPR 第 89（1）条，以及 GDPR Recital 28 推荐数据控制人使用如假名化或加密的方式确保数据安全，并且在处理敏感个人数据时，需要更为加强的保护力度。数据控制人需要采取适当的技术和组织措施，以确保符合安全和保密性原则的要求。若是数据控制人将数据处理行为外包给数据处理人代表其进行数据处理操作，它必须确保该数据处理人提供足够的保证来实施适当的技术和组织措施，以使数据处理人控制的数据处理行为依然符合该原则的规定。有关数据控制人和数据处理人之间的关系将在第十五章中进一步探讨，而关于确保数据安全所应采取的具体措施将会在第八章中介绍。

第四章

满足个人数据处理合法性的一般标准

GDPR 要求数据控制人合法地处理个人数据。GDPR 第 6 条和第 9 条列出了合法处理必须满足的标准。第 7 条规定了在依赖同意作为数据处理的合法依据时必须对合法性进行证明的条件。第 8 条进一步提供了在向儿童提供信息服务时需要征得同意的具体要求。

通常而言，数据主体的同意是数据和隐私保护法律的核心，因为大量的数据处理都是基于这一行为而进行的。GDPR 规定的合理的同意标准，让一个数据主体有机会选择如何以及何时使用他们的个人数据。尽管如此，GDPR 承认除同意以外的其他数据处理的合法基础，如为了充分履行合同义务，为了遵守相关国家的法律义务，为了保护数据主体的重要利益，以及在平衡数据主体的权利和利益时为了执行保护公共利益和控制人或第三方的合法利益的任务。

1. 处理个人数据的合法依据

GDPR 第 6 条阐述了处理个人数据的合法依据。如果一个数据控制人无法依靠这些基础中的一个进行处理，那么继续进行数据处理将是非法的，除非数据控制人符合一些例外情况，例如，在必须保护言论自由以及必须保护其他公共利益的情况下，或是为单纯学术研究目的处理个人数据。以下将逐一介绍合法处理个人数据的依据：

（1）数据主体已同意为一项或多项特定目的而处理其个人数据

虽然“同意”这一概念似乎非常直白，但“同意”一词在 GDPR 中是有着独特含义的。对于同意能否作为合法的数据处理依据，GDPR 第 4（11）条要求数据主体的同意需要满足以下条件：

①由数据主体自由作出；

②同意针对特定的数据处理目的和数据处理方式；

③同意的作出是基于数据主体对有关情况的充分了解；

④同意的作出是明确并充分表达数据主体意思的表示，而非基于默示或暗示。

数据控制人有责任证明数据主体已经同意其将要进行的数据处理行为。然而在大多商业场景下，同意声明往往是由数据控制人预先制定的，比如要求数据主体在预先起草的隐私通知书上签名。在这种情况下，GDPR Recital 42 要求数据控制人预先提供的同意声明必须以一种易懂和容易访问的形式提供，使用清楚和简单的语言，并且没有不公平的条款，符合消费者保护要求。

“自由作出”同意意味着数据主体必须有机会作出真正的选择，并且必须能够拒绝或撤回相关同意。欧洲很多国家的国内法都要求数据控制人提供的每一项预先制定好的同意声明都必须是一个独立的文件，这是因为如果多项同意被打包在一起交由数据主体的话（如把处理数据的同意与用户协议相绑定），那么事实上除非用户拒绝使用数据控制人提供的服务，不然用户只要选择使用服务就在实际层面上完全无法作出有效的选择。GDPR 第 7 条吸收了这种立法理念，规定如果数据主体的数据处理同意是在一份同样涉及其他方面同意的书面声明的范围内作出的，则数据处理的同意声明必须以一种明显区别于其他同意的方式提出，否则该同意将被视为没有作出。

在考虑数据主体是否是自愿给予数据控制人同意时，需要考虑当实际履行合同过程中并不需要处理这些个人数据时，数据主体接受服务或履行合同是否要以同意处理个人数据为条件。若上述答案为是，则数据主体的同意将被视为不是自愿作出的。

另外，因为自由给予同意涉及撤销同意的自由，数据控制人应该考虑同意是否为长期处理数据的最合适法律条件。例如，如果企业要求员工将个人数据上传到人力资源数据库中，那么征求员工的同意作为数据处理的法律依据可能不合适，因为员工虽然最初同意，但可能在未来合法地决定撤销他们的同意，因此雇主最好寻求依赖同意加上另一个合法的处理条件。

数据主体应该自由选择他们接受的数据处理目的，而不是对一堆处理目的只有一个打包的同意。数据主体必须对所涉及的特定数据处理操作给予特定的同意。因此，数据控制人应该能够清楚地列举其对数据的拟议使用目的，以便数据主体就特定处理目的作出单独的特定同意。

此外，数据控制人必须告知数据主体有关同意的细节，以便数据主体以能够理解的语言和形式获得处理活动的所有必要细节，以便他们能够理解处理将对他们产生怎样的影响。这些信息包括：

①数据控制人的身份；

②每一个同意的数据处理目的；

③收集的个人数据种类；

④数据主体有撤销同意的权利；

⑤根据GDPR第22（2）（c）e条关于自动决策使用数据的信息；

⑥在没有适当的决定和适当的保障措施的情况下，数据向第三国转移的可能风险（如果存在与数据转移有关的同意）。

数据控制人有义务证明他们已经向数据主体提供了足够充分的信息。例如，数据主体在线上表格上按“接受”按钮以确认其接受，在GDPR下可能不完全等于同意，除非数据控制人能够证明数据主体有合理的机会被告知该同意的重要性。

为了实现作出同意的“明确性”，数据主体的声明或相关行为必须明确表明其同意的意愿。如果对是否给予同意存在不确定性，那么数据合规监管机构和欧盟法院在适用GDPR时有很大概率将作出不利于数据控制人的解释。比如，数据主体主动在选择框中打钩，则打钩动作大概率会被认为是明确的同意，而预先打钩的文件则不太可能被认为是明确的同意。这意味着，有效且明确的同意并不等同于给予数据主体在默认同意的情况下有选择退出的机会，同意需要数据主体明确且积极表示其意愿。

同意不能在强迫的状态下取得。另外 GDPR 针对儿童的同意作出了加强规定。GDPR Recital 38 明确指出，由于儿童可能不太了解个人数据的风险、后果和保障措施，他们应该得到加强的特殊保护。GDPR 第 8 条则规定若数据控制人依赖同意来进行数据处理，那么作出同意的数据主体必须大于 16 周岁，而小于 16 周岁的人作出同意必须有监护人的授权或共同同意，即便这些数据处理所提供的服务是免费的。因此，那些直接向儿童提供服务的机构将需要采用验证年龄的技术或组织方法，并通过特殊手段从那些儿童的父母或监护人处获取同意。需要注意，一般而言对于儿童的定义是 16 周岁以下的未成年人，但 GDPR 允许各成员国对儿童的年龄作出特异性的规定，在某些国家就把这一年龄标准下调到了 13 周岁。

（2）数据处理满足必要性条件

GDPR 第 6 条下的除了同意以外的所有其他标准都要求，个人数据的处理必须是必要的。本质上，必要性检验要求个人数据处理过程和目的之间有密切而实质性的联系。因此，仅仅为了方便或满足标准之一而没有必要的处理将不符合这些标准。对于一个数据控制人来说，仅仅考虑为了其目的而必须进行处理是不够的。“必要性” 有客观的含义，数据控制人必须仔细考虑某个特定的处理操作对于所述目的是否严格必要。

(3) 数据处理是履行与数据主体的合同所必要的

除了数据主体明确表示同意外，GDPR 第 6（1）（b）条规定，当数据控制人需要处理数据主体的个人数据，以便执行数据主体是或将是合同当事人的合同义务时，可以依赖此标准进行个人数据处理。例如，当数据主体购买产品或服务，并且数据控制人需要通过快递交付该产品或服务时，数据控制人必须要知道数据主体的住址和联系方式等信息从而履行向用户交货的义务，因此可以以履行合同义务为依据进行个人数据处理。但数据合规监管机构在实践中往往将这一标准狭义地解释为为了完成合同，必须不可避免地处理个人数据。“必要”一词的含义正如前面所述，如果合同不需要处理相关个人数据就可以以其他方式合理地履行，则数据控制人的个人数据处理行为对于合同履行是不必要的。因此，数据控制人在采用这一标准需作为个人数据处理合法性依据时要比较小心。

(4) 数据处理是数据控制人履行法律义务所必要的

GDPR 第 6（1）（c）条规定了履行法律义务作为个人数据处理的合法性依据。当数据控制人依赖此标准时，它所涉及的法律义务是要求数据控制人强制性遵守的法定义务，而不能是数据控制人签订的合同下的合同义务。例如，当相关国家公司法要求一家公司在每年的公开报告中公开其董事及高管名单时，因为控制人负有法律义务，这一条件就会得到满足，故而公开披露高管个人信息所涉及的个人数据处理过程是合法的。类似的，如果金融监管机关要求银行等金融服务机构必须收集用户的个人身份信息以及记录用户资金使用状态，并将这些信息分享给其他合作或有资金往来的金融机构以符合 FATF Travel Rule Recommendation（金融行动特别工作组旅行规划建议）所对应的国内立法时，基于分享和使用这些个人数据的数据处理行为就是按法律要求必需的，故而满足合法性要件。

（5）为了保护数据主体或其他自然人的重大利益，数据处理是必要的

GDPR 第 6（1）（d）条规定的保护“重大利益”主要指的是生死攸关的情况。换句话说，在这种情况下所考虑的数据处理对个人的生存至关重要。因此，这一标准只在罕见的紧急情况下才适用。例如，数据主体因疾病或重伤丧失意识，医护人员为提供紧急医疗救助可能需要在未经过数据主体同意或未与其签订任何合同的情况下处理个人数据。

（6）数据处理是为了公共利益或行使授予数据控制人的公共权力所必需的

在根据本准则处理个人数据时，数据控制人应意识到数据主

体有权反对其数据的使用。根据该规则，如数据控制人收到数据主体的反对意见，则数据控制人有责任证明其有令人信服的合法理由处理该等个人数据。这些理由必须足以凌驾于数据主体的利益、权利和自由之上，或足以建立、行使和辩护法律主张。

(7) 为数据控制人或第三方追求的合法利益的目的，相关个人数据处理是必要的

GDPR第6 (1) (f) 条规定了合法利益目的，即为了实现数据控制人或第三方追求的合法利益的目的而进行必要的数据处理，除非该等利益与相关数据主体的利益或基本权利和自由相比需要被牺牲，特别是当数据主体是儿童时，需要特别注意优先保护儿童的相关权利。这意味着，在数据控制人企图诉诸于这一数据处理的合法标准时，需要对其想要通过个人数据处理追求的相关利益和相关数据主体的利益作一个利益平衡测试。很明显，作为一种纯粹的价值判断，这种所谓利益平衡测试的双方利益权衡标准是相对比较模糊的，而且对于合法利益这一概念中“合法”的意义，GDPR也没有在其条文中作出明确的规定。对于相关数据控制人来说，GDPR Recital 47提供了一些有用的解释将有助于判断其数据处理是否构成基于合法利益的法律标准。有许多因素涉及满足合法利益条件，包括：

①数据处理是实现合法利益所必需的；

②这些目的必须是控制人或第三方的合法权益；

③这些合法利益不能凌驾于数据主体的利益或基本权利和自由之上。

在这一解释下，如果数据主体和数据控制人之间存在相关和适当的关系，例如数据主体是数据控制人的客户，那么数据控制人对既有客户的类似产品或服务的营销行为就可能构成这种合法利益。对应的，在相关数据主体并没有合理预期其个人数据将被数据控制人进一步处理的情况下，数据主体的利益和基本权利尤其可能凌驾于数据控制人的利益之上。

在依赖合法利益标准时，数据控制人必须仔细考虑当地数据合规监管机构和法院对其的解释，因为欧盟各国对这一标准的理解在历史上一直是不同的。例如，欧盟法院在 Valsts policijas v. Rīgas satiksme 案（Case C-13/16）中，认为第三人收集损害其财产的侵权人的个人数据用以起诉其财产损害赔偿的行为，可以被认为是基于相关第三人的合法利益。而关于“利益平衡测试”，法院则指出这将取决于具体案件的具体情况，在利益平衡测试中必须考虑两个相关因素：一是从公共来源获取涉案个人数据的可能性；二是相关数据主体的年龄。

（8）数据处理是为了履行法律义务或实现公共利益

GDPR 就为满足相关公共利益提供了两项合法标准，这两项标准既是遵守法律义务所必需的，也是为公众利益而执行任务所必需的。GDPR 允许成员国详细列出相关法律的要求，包括确定数据控制人的规格，处理个人数据的类型，数据主体的情况，个人数据可能被披露的目的限制，存储期和其他措施，等等。

2. 犯罪、定罪及安全措施数据

GDPR 第 10 条就有关刑事犯罪和定罪的相关个人数据的处理作出了规定。与普通类别的个人数据相比需要更大程度的保护。该条规定要求此类数据只能在官方机构的控制下进行处理，或在相关数据处理得到欧盟或成员国法律授权的情况下进行处理，并且为数据主体的权利和自由提供适当的保障。全面的刑事定罪犯罪记录数据只能由社会公权力机构控制。因此，私营部门的数据控制人将需要审查欧盟或当地法律关于处理此类数据的规则，以了解合法处理这种类型个人数据的范围。虽然这种类型的数据不被额外认为是 GDPR 第 9 条中规定的敏感个人数据的类别，然而，在处理这类数据时，数据控制人仍然必须遵守本规则的所有其他要求，并且对这些数据作额外的注意。

3. 处理不需要标示身份的情况

GDPR 第 11 条明确指出，如果数据控制人处理个人数据的目的不需要或不再需要数据控制人识别相关数据主体的身份或相关特点，那么数据控制人没有义务以遵守 GDPR 为目标维护、获取或处理额外的个人数据。因此，如果数据控制人能够证明它并没有在进行识别数据主体的数据处理行为，GDPR 第 15 至 20 条将不再对其不适用，除非数据主体为了行使其在 GDPR 下的权利，提供了能够识别其身份的额外信息给相关数据控制人。这一规定主要是针对某些并没有通过数据处理行为识别数据主体身份特征，但相关数据主体依然依据 GDPR 的规定要求访问或查询其个人数据的情况，由于数据控制人其实并没有办法知晓哪些数据属于哪些特定的数据主体，故而也无法按 GDPR 的规定满足他们行使相关数据主体权利的要求，因此 GDPR 免除了这些数据处理人通过运用其他方式对相关数据主体进行识别从而得以履行的数据控制人义务。

第五章

处理特殊类型敏感数据合法性的标准

GDPR 第 9 条涉及保护特殊类别的数据，也被称为“敏感数据”。具体而言，GDPR 第 9（1）条禁止在不满足例外条件的情况下处理能够披露个人“种族、民族出身、政治观点、宗教信仰、哲学信仰或工会政党会员身份”的个人数据，此外还禁止任意处理“基因数据、生物特征数据，以唯一识别一个自然人、健康数据、自然人的性生活数据或性取向数据”。在这一定义下的敏感数据的例子可能包括航空公司的订票记录，显示某一特定乘客需要犹太风格餐食的记录，一个政党的会员数据库中的名单，雇主从雇员薪金中扣除与工会会费有关的款项的记录，机场边检面部识别摄像头捕捉到的登机口人脸识别图像，酒店预订数据显示某一特定客人需要使用轮椅的记录，从犯罪现场采集的以确定犯罪者身份的 DNA 样本，等等，甚至欧盟法院在 Lindqvist 案（C-101/01）中认为单纯在网页上张贴有关个人腿伤的详细资料，即等同于处理敏感的个人数据。因此，在数据控制人处理个人数据时应当首先详细判断其是否属于敏感个人数据。

数据控制人可以根据 GDPR 第 9（2）条下的例外情况进行合法化的敏感数据处理，但这并不意味着 GDPR 的其余部分不适用于这种个人数据处理。当处理敏感个人数据时，数据控制人必须同时满足 GDPR 第 6 条和第 9 条规定的条件。

至于在之前欧盟的数据隐私保护立法中被列入敏感数据的关于刑事定罪及刑事处罚的个人数据，虽然依然要求对这些类型的个人数据作特别的保护，但其本身并不是 GDPR 定义下的敏感数据。

由于对敏感数据的保护程度更高，数据控制人将需要特别注意确保满足所有其他方面的合规要求。例如，数据控制人应确保根据 GDPR 第 12-14 条，对如何使用个人敏感数据向数据主体进行适当和充分的信息披露。

1. 允许数据控制人处理敏感数据的 10 种不同情况

以下是 GDPR 第 9（2）条允许数据控制人处理敏感数据的 10 种不同情况。

（1）获得数据主体对于处理其敏感数据的明确同意

GDPR 第 9 条所要求的同意与第 6 条所规定的同意的情况类似，只因为它必须是明确针对敏感数据的。一般的同意要求有明确的声明或积极行为，但第 9 条下的同意要求更高，监管机构希望这种同意要么是手签字，要么积极填入电子表格、发送邮件或利用电子签名完成。同时，GDPR Recital 42 和 43 条明确，如果对于处理个人敏感数据的同意是通过一个单一的动作向一系列匿名或不知名的数据控制人作出的，那么这种对处理敏感数据的同意很可能也是无效的。数据控制人必须小心地确保它满足 GDPR 对同意的基本要求，即是明确的、特殊的、知情的和自由给予的。此外，所给予的同意必须是明确的，并阐明处理的目的，还要确保同意能够按照 GDPR 第 7（3）条的要求自由地被撤回。

同样重要的是要注意，可能在某些情况下成员国的国内法律规定，给予同意不足以成为处理敏感数据的理由。在这种情况下，数据控制人将需要寻找另一个合法处理敏感数据的条件。

（2）在欧盟或成员国家法律保护基本人权的基础上，敏感数据处理是数据控制人或数据主体在涉及雇佣关系和社会安全事务上所必需的

第二个例外情况主要适用于处理敏感数据对于数据控制人遵守就业、社会保障或社会安全法律下的法律义务是必要的。在本条主要适用于当数据主体为本地劳动法定义的求职者、雇员和承包商时。数据控制人依赖这一例外也需要符合必要性测试的要求。这一标准的适用范围将取决于所在国家当地的劳动法和当地相关规则的解释。此外，成员国可能会提供更多有关劳动关系的具体规则，某些国家可能会有强制性披露高度机密的雇员数据的法定义务，某些国家可能要求为满足健康和安全要求进行必要的敏感数据处理。例如，雇主需要了解员工残疾的详细情况，以便更加适当地顺应并符合他们的工作。对于此，本书对数据控制人的建议为，“采用经过精确设计的敏感数据处理政策”，并且对敏感数据处理行为作留痕化的记录，包括：

①在政策中解释数据控制人为确保符合 GDPR 第 5 条中原则的有关条件而采取的程序；

②在政策中解释数据控制人与保留和删除敏感个人数据的情况相关的政策；

③在政策中解释与数据合规监管机构就敏感数据处理事项合作和接受检查的机制；

④对任何涉及敏感数据的数据处理行为进行记录并保存至少6个月以上。

(3) 当数据主体因身体或法律原因无法表示同意，且该敏感数据的处理是为了保护数据主体或其他自然人的重大利益时

与 GDPR 第 6 条的重大利益标准类似，这一标准主要是指生死攸关的情况。此标准在本质上与 GDPR 第 6 条中条款相同，但是，GDPR 第 9 条特别要求数据控制人必须能够证明，由于“数据主体在物理上或法律上没有能力给予同意”，因此不可能就敏感个人数据的处理获得有效的同意（例如，数据主体因为失血过多已经没有意识的情况）。并且，数据控制人必须证明在依据这一例外前曾经向数据主体尝试寻求同意。因此，为了满足这一标准，一定要对数据处理过程和依赖此标准的过程做充分的记录。

(4) 非营利性质的敏感个人数据处理

这一标准是指敏感数据处理是由一个基金会、协会或任何其

他非营利性机构以政治、哲学、宗教或工会为目的，并且在其合法活动过程中进行的。但条件是有关处理只涉及该机构的成员或前成员，或与该机构有经常联系的人，以及未经数据主体同意，不得在该机构以外披露个人敏感数据。

（5）对公开的敏感数据进行数据处理

这一标准是指数据处理涉及明显由数据主体主动明显公开的敏感个人数据。当数据主体有意披露自己的敏感数据，例如，在社交网络平台上公开分享敏感信息也可能符合这一标准，在 Esch and Others v. European Central Bank 案（T-320/02）中，European Central Bank（欧洲中央银行）的员工使用银行内部电子邮件系统向不同的邮件列表发送电子邮件，其中包含一个工会提供的信息链接，法院认定，通过发送这些电子邮件，申请人故意暴露了他们与该工会的关系，并自己公开了他们的个人敏感数据。但在实践中，数据控制人有可能很难确定“主动明显公开”这个词的实际含义，当个人在接受媒体采访时提供有关其政治观点或健康状况的详细信息时，则有极大的可能符合主动明显公开的标准，但反过来在朋友聚会上发表类似信息则有很大可能不满足该标准。因此，在确定相关信息是否可以被认为是已经公开的敏感数据时，除了参照法律规定外，最好还参照一下相关法院的裁判案例。

(6) 因诉讼或类似司法原因处理敏感个人数据

对于数据控制人来说，使用敏感个人数据有时是进行诉讼或进行辩护的必要条件。数据控制人在使用这一标准进行敏感数据处理时必须建立数据处理与其需要进行诉讼活动的必要性联系。也就是说，数据处理过程和目的之间必须有密切而实质性的关联。属于这一标准的一个典型使用场景是由保险公司处理医疗数据，以确定个人的医疗保险索赔是否有效，因为处理这些敏感数据对于保险公司考虑索赔人依据其保险单提出的索赔是必要的。在R（on the application of B）v. Stafford Combined Court案（〔2006〕EWHC 1645）中，英国刑事法院（Crown Court）传唤了一个NHS信托机构，要求其提供一名性虐待受害者接受精神治疗的医疗记录，作为对被指控虐待她的男子进行审判的证据。在该案的司法复核中并没有就处理受害人的个人数据是否为法律诉讼所必需作出评论，但理论界普遍认为这种数据处理是符合数据保护法律的原则和相关规定的。

(7) 在平衡保护数据主体基本权益的基础上，敏感数据处理是为实现欧盟法律下重大公共利益所必需的，且该数据处理行为需与实现的目标相适应

在欧盟成员国法律中，某些法律事由可以在本条下适用，但前提是法律与所追求的目标相称，尊重数据保护权利的本质，并

提供适当和具体的措施来保障数据主体的基本权利和利益。由于这一标准有可能被非常广泛地解释，因此 GDPR 特别规定了许多警告，以防止“重大公众利益”成为一个可以被随意拿来兜底适用的“软”标准。

（8）在欧盟及成员国法律框架下因诊疗或社会医疗保障原因处理敏感数据

一般而言，处理敏感个人数据的禁止性规定并不适用于与医疗或社会医疗保障目的有关的敏感数据处理。这些例外情况包括在提供卫生保健服务的背景下的敏感数据处理，预防疾病或职业行医目的的数据处理，医疗诊断、治疗或社会卫生保障系统和服务的数据处理。它还包括在提供社会看护的范围内处理数据。很明显，这一例外主要适用于医生、护士和其他涉及医疗保健专业的人。

当然，这一例外并不意味着这样的数据处理不受数据保护法律的监管。数据控制人仍然应该确保这些敏感数据被安全地持有，并且不会被不恰当地访问。

（9）出于公共卫生领域公共利益的考虑，敏感数据处理是必要的，并在平衡保障数据主体的权利和自由特别是履行专业保密义务的基础上应对跨境健康威胁，或确保卫生保健和医疗产品或医疗设备的高标准质量和安全

GDPR Recital 54 中规定，出于公共卫生领域公共利益的原

因，在未经数据主体同意的情况下处理敏感数据可能是必要的。这一例外一般应用于重大公共健康威胁或对医用设备药品的监管。例如，在应对新冠疫情中需要采用一些应急措施可能需要处理大量涉及个人健康信息的数据，如采集和处理人员流动情况、健康状况、体温等。

（10）为了公共利益、科学或历史研究目的、统计目的、存档目的，根据 GDPR 第 89（1）条进行敏感数据处理，且数据处理行为应与所追求的目标相称

为了符合这一标准，处理必须根据 GDPR 第 89（1）条有适当的保障，并且必须是基于欧盟或成员国法律为这些目的之一所必需的，尊重数据保护权利的本质，并提供适当的保障。GDPR 第 89（1）条要求数据控制人采取技术和组织措施，特别强调必须遵守数据最小化原则。数据控制人可以通过匿名化处理敏感数据，例如将个人识别码移除并以身份证号码代替识别码，尽管这些数据仍将是个人数据。

GDPR Recital 157 指出，通过利用公共社会信息登记处提供的信息促进医疗、失业管理和教育方面的研究是被允许的，前提是这些科学研究在遵守 GDPR 规定的适当保障措施的情况下进行。

GDPR Recital 158 指出，用于存档目的的敏感数据处理必须符合公共利益，还提到了潜在的法律义务，即“获取、保存、评

估、安排、描述、交流、促进、传播和提供对公众利益具有持久价值的记录的访问”，如果满足这些保障义务，这些敏感数据可以在此标准下被合法处理。

GDPR Recital 159 指出，为科学研究目的处理个人数据应以广泛的方式加以解释，例如技术发展和示范、基础研究、应用研究和私人资助的研究。此外，它应该考虑相关研究是否符合欧盟 TFEU 第 179（1）条下实现统一欧洲科学研究体系目标的要求。

虽然档案工作者和历史学家会很乐意使用 GDPR 第 89（1）条，但可能最受该条文影响的组织将是那些参与科学研究和统计工作的组织。特别是，制药公司和进行科学研究的学术机构将热衷于以这一制度作为敏感个人数据处理的合法依据。

2. 对处理特殊类型敏感数据的建议

鉴于 GDPR 对特殊类型敏感数据的关注程度，数据控制人及数据处理人应特别注意了解他们在 GDPR 下处理特殊类别个人数据方面的新义务，否则他们将可能因为一个小小的疏忽遭受最多 2 000 万欧元或等同于全球营业额 4%的巨额罚款（关于违反 GDPR 规定的处罚详见第十五章）。

根据 GDPR 的规定，数据控制人有责任证明其遵守 GDPR 第 5 条关于个人数据处理的基本原则，但同时 GDPR 对数据处理人也施加了许多新的直接义务。目前法律尚不明确数据处理人是否需要对特殊类型敏感数据的非法处理直接负责，但考虑到 GDPR 要求数据控制人和数据处理人签订有约束力的数据处理合同，且已经出现过数据处理人被直接处罚的案例，因此数据处理人在代表数据控制人进行相关敏感数据的处理时也需要特别小心。

数据控制人和数据处理人应该对组织使用的 IT 系统和手工记录进行定期审计，并与业务和数据处理流程中关键的员工面谈。这些操作将使数据控制人以及数据处理人能够符合 GDPR 第 30 条对数据处理行为进行记录的要求。需要注意，虽然根据 GDPR 第 30（5）条，小于 250 人的小公司有可能免于保存数据处理记录，但这种豁免并不适用于公司处理特殊类型敏感数据或与刑事犯罪有关的数据。

对于处理敏感数据的合规设计及合规运作可能需要一些实践层面的思考。例如，在有些情况下，即使数据控制人在其业务中收集客户数据时所使用的申请或注册表格本身并没有明确要求客户提供特殊类别的个人数据，客户仍可在填写表格时偶然性地提供敏感数据。因此，在收集用户数据时应该尽可能选择预选项打钩从而避免使用自由形式的答题框。当数据主体在自由形式答题框中提供了敏感数据时，应该采用适当的程序，确保不处理这些敏感数据或采用特殊程序处理这些数据，例如确保键盘操作员在输入数据进入系统时忽略这些数据，或在系统中手动删除这些数据。

如果处理特殊类型敏感数据是数据控制人开展业务活动中不

可或缺的部分，那么数据控制人应尽量避免依赖数据主体的同意进行处理，这是因为同意是短暂的且可以被撤回的，而一旦数据主体撤回同意，数据控制人的业务就必须立刻暂停，这可能对业务持续性造成较大的影响。

第六章

数据控制人向数据主体提供信息义务的完成标准

1. 数据处理的透明性原则

公平和透明处理原则要求数据主体被告知数据处理操作的存在及其目的。GDPR 第 13 条和第 14 条规定了数据控制人向数据主体告知的义务，然而这两条规定事实上并没有完整涵盖数据控制人必须向数据主体提供的全部信息，相反，GDPR 还规定，在进行特殊类型的处理时，必须向数据主体提供某些附加信息。

（1）第 13 条：当直接从数据主体处获取个人信息时应当向数据主体提供的信息

根据 GDPR 第 13（1）条，数据控制人应当在直接从数据主体处获取个人信息时提供以下信息：

①数据控制人的身份和联系方式，以及数据控制人代表的联系方式（如有的话）；

②数据保护官 DPO 的联系方式（如果数据控制人任命了一位数据保护官）；

③数据处理的目的和法律依据；

④如果为了数据控制人或第三方的合法权益（根据 GDPR 第 6（1）（f）条），数据处理是必要的，则为需求方提供数据控制人或第三方追求的合法权益的明细；

⑤个人数据接收人（或某一类接收人）的相关信息；

⑥数据控制人是否打算将个人数据转移到欧盟外的国家或国际组织，如果是的话，需要说明欧盟委员会是否就转让国作出充分性数据保护的决定，以及如果转移是依据 GDPR 第 46 条、第 47 条或第 49 条的话，需说明具体使用的数据保护依据和方法。

除了以上信息，GDPR 第 13（2）条还要求数据控制人提供下列信息以保证数据处理的公平和透明：

①个人数据的保留期限，或用以确定该期限的准则；

②告知数据主体与其个人数据有关的权利信息；

③告知数据主体有权随时撤销对其数据处理的同意，并且告知在撤销前数据控制人可以依据该同意处理数据；

④告知数据主体有权向数据合规监管机关反映问题；

⑤告知提供个人数据是法定的还是合同的规定，是否是签订合同的必要条件，数据主体是否有义务提供个人数据及拒绝提供个人数据可能造成的后果；

⑥数据处理是否涉及 GDPR 第 22（1）和（4）条所述的自动决策的存在，包括执行用户画像。当存在用户画像处理时，还应该提供所涉及的程序逻辑，以及对数据主体的意义和可能的后果。

（2）第 14 条：当并非从数据主体处获取个人信息时应当向数据主体提供的信息

GDPR 第 14 条规定了个人数据不是直接从数据主体获得的情

况。根据第 14（1）条和（2）条，数据控制人必须向数据主体提供第 13（1）条和（2）条要求的相同信息。根据第 14（1）和（2）条，数据控制人还必须提供以下信息：

①有关个人数据的类别；

②这些个人数据的来源，以及这些个人数据是否是从公开渠道可获取的。

根据 GDPR 第 14 条，当个人数据不是直接从数据主体获得时，法规没有要求告知数据主体提供个人数据是法律或合同的要求，还是签订合同的要求，法规也没有要求解释数据主体是否有义务提供个人数据以及不这样做的可能后果。

（3）需要向数据主体提供附加信息的情况

无论个人数据是直接从数据主体取得的，还是从第三者取得的，GDPR 规定在某些情况下必须向数据主体提供进一步的资料。这些资料包括：

①数据主体的权利。GDPR 第 15 条规定了数据主体向数据控制人要求更多关于处理自己个人数据的情况的权利。GDPR 第 18 条授予数据主体在某些情况下要求数据控制人限制其个人数据处理的权利，当数据主体行使这些权利时，数据控制人必须在接触这些限制前告知数据主体。

此外，GDPR 第 21 条规定数据主体可以反对数据控制人依据第 6（1）条的合法利益理由进行用户画像等方式下的数据处理，也可以反对数据控制人以推广营销的目的进行数据处理。

以上这些数据主体的权利需要全部以清晰且明确的独立信息的方式向数据主体披露。

②数据的跨境转移。根据 GDPR 第 49 条，在个人数据涉及跨境转移时，必须向数据主体明确说明跨境进行数据转移的理由、法律依据、可能风险以及风险防范措施。另外，依据 GDPR 第 47（2）（g）条，当使用 BCR 作为跨境传输数据的合规方式时，需要向数据主体告知 BCR 的数据保护准则、数据主体的权利、实现权利的方式、数据控制人的违规责任等信息。

③出现新的数据处理目的。当数据控制人打算以收集个人数据时确认的数据处理目的以外的目的进行数据处理时，必须依照 GDPR 第 13 条和第 14 条之规定向数据主体披露相关信息。

④个人数据被共管。当个人数据被两个以上数据控制人共管时，GDPR 第 26 条规定，若个人数据被共同控制，需要向数据主体披露共管人双方的权责划分等信息。

⑤个人数据被泄漏。GDPR 第 34 条规定，当出现个人数据泄漏时，需要向有关的数据主体告知。

（4）需要向数据主体提供信息的时间

如果个人数据是从数据主体收集的，则在获得个人数据之时，必须提供 GDPR 第 13（1）和（2）条中列出的信息。如果个人数据不是从数据主体收集的，GDPR 第 14（3）条规定需在合理时间内向数据主体提供信息，至迟不得晚于 1 个月；若个人数据被用于与数据主体发生联系，则在首次沟通联系时提供信息；若可能把数据向第三人披露，则在披露时提供信息。

除了以上的基本时间区间外，GDPR 第 21（4）条还规定至少在首次与数据主体沟通时，就必须告知其有拒绝数据控制人进行数据处理的权利。类似的，GDPR 第 7（3）条要求在数据主体作出同意数据处理的表示前告知数据主体其有随时撤回同意的权利。

（5）需要向数据主体提供信息的方式

GDPR 明确规定，提供给数据主体的关于其个人数据处理的信息必须以简明、透明、易懂和易于获取的形式，使用清晰和简单的语言，尤其是需要让是未成年人的数据主体看懂。并且，所有提供给数据主体的信息都应当是免费的。另外，若数据控制人以电子载体提供信息，则这些信息应当是可以被机器读取的。

2. 可以免除向数据主体提供信息义务的情形

首先，当数据控制人直接从数据主体处获取个人数据时，如果数据主体已经获取了 GDPR 第 13（1）和（2）条要求的相关数据处理的信息，则可以免除数据控制人的相关信息提供义务。

类似的，如果数据并非直接从数据主体处获取，当满足以下情况时可以免除数据控制人在 GDPR 第 14 条下的信息提供义务，但数据控制人要对自我符合免除条件的评估全过程存档，并且要采用适当的手段保护数据主体的合法权益（如在自己的网站上公开发布相关信息）：

①当数据主体已经获取相关信息时。

②当依据欧盟或其成员国的强制性法律必须获取或披露个人数据，且数据控制人已经提供了必要措施保障数据主体的合法权益。

③当依据欧盟或其成员国的强制性法律，个人数据必须保密时。

④当仅仅为 GDPR 第 89（1）条的社会公共利益、科学研究或统计目的进行数据处理，同时向数据主体提供信息几乎不可能或成本不合理的高昂时。当评估何谓“成本不合理的高昂”时，需要考量 GDPR Recital 62 中的标准，考量数据主体的人数、年龄、对数据主体的保障措施等因素。

上面列出的豁免情形其实反映了 GDPR 的立法宗旨，即数据保护规则应该是具有实用性的，并不会给数据控制人造成过度的负担，所以应该在履行通知数据主体处理数据的义务和保持数据控制人的合规成本之间保持平衡。当然，欧盟地区数据合规监管部门对数据控制人抱有很高的合规期望，对于这些豁免情形的解释和适用会存在限制性的倾向。总之，在数据主体要求数据控制人回应关于其数据处理的信息时，数据控制人必须积极响应，但 GDPR 并不总是要求数据控制人主动向数据主体提供 GDPR 第 14 条要求的全部信息。

3.《隐私和电子通信指导》的要求

欧盟《隐私和电子通信指导》中规定了有关个人数据处理和在电子通信服务领域的隐私保护，该指导列出了与网站、应用程序和其他网络设备的运营商使用 cookies 和类似技术相关的附加数据合规要求。

隐私指导的第 5（3）条规定，除了有限的例外情况下，只有在有关用户已给予他们的同意，并已根据指导和 GDPR 提供明确全面的信息时，才能在用户的终端设备上存储信息，或获取已经存储的信息。其规定在用户设备上放置 cookies 或类似技术的实体有义务事先获得该用户的知情同意，这种同意应该理解为：

①必须提供给用户关于发送 cookies 或类似技术的信息的目的；

②用户在被提供这些信息后，必须同意 cookies 或类似的技术安装在他们的设备中或允许存储在他们设备中的信息被检索。

通常，业务运营方必须采用独立的 cookies 使用政策来满足这一义务。详细的 cookies 使用原则将在之后的章节中介绍。

4. 合理的数据处理告知

与之前欧盟的所有数据保护指导均不同的是，GDPR 特别提及应将其个人数据的处理情况通知数据主体。

（1）关于合理处理数据通知的实务考量

GDPR 在向数据主体传达处理数据告知的方式上给数据控制人一些自由裁量权，它给了数据控制人选择告知机制的机会。数据控制人的义务是“提供”信息，或“明确地提及”，或“告知”数据主体。虽然监管机构在这个问题上会期待数据控制人主动履行告知义务，但 GDPR 在这个问题上还是给数据控制人留下了很大的自由裁量权，以决定是主动地积极作为还是仅仅消极地让数据主体自行获取。

如何向数据主体合理地传达数据处理信息，以及信息的详细程度，将取决于数据处理的性质、环境、范围和背景等因素。例如，数据控制人通过电话收集个人信息，那么最重要的合理的数据处理信息可以在电话中给出，其余信息通过电子邮件提供给数据主体。相反，如果个人数据是通过网站收集的，那么通常情况下，数据处理信息应通过网站以书面通知的方式提供。

当然，不论以什么方式向数据主体提供数据处理的信息，数据控制人都应该确保其提供信息的方式方法符合以下标准。

①简要。尽管这一要求和 GDPR 要求的公平处理信息之间有一个明显的冲突，但数据控制人可以通过将内容分成不同标题，使用简短的句子和段落，并采用分层的方法来提供信息，从而以简明扼要的方式帮助数据主体获取信息。

②透明。数据控制人应该真实、公开和诚实地对待数据主体，而不是误导他们。例如，如果因为法律的强制性要求导致个人并没有在处理他们的个人数据方面有选择的空间，数据控制人却仍然告知数据主体他们有这种选择的权利，这将会被定性为误导数据主体。因此，如果数据控制人提供给数据主体能够对数据处理的目的和方式进行选择的权利，那么数据控制人就一定要确保这种选择是可以被实现的。

③易于获取。数据控制人应该明确有关数据处理信息的位置以及访问途径。数据主体不应该被要求费力地对这些信息进行搜索。当这些信息包含在其他内容中时，信息的提供方式应该适合于个人数据的获得。

④使用通俗易懂且清晰的语言。所使用的语言应便于数据处理信息的目标受众理解，数据控制人应避免过多地使用法律语言、行话和技术术语，以免造成混淆和困惑。

⑤准确和保持更新。数据处理信息应定期审查并保持更新。

（2）有效提供关于合理处理个人数据的信息

考虑到在 GDPR 要求下必须传达给数据主体的信息量，要求所提供的内容简明且易于理解，对于各种新技术在现实中的应用，以及电子信息提供的潜在优势，数据控制人最好能够灵活且富有创造性地与数据主体沟通。以下将介绍一些有助于数据控制人完善信息提供方式的途径：

①分层的合理数据处理通知。在分层通知中，最重要的信息在一个简短的初始通知中提供最基本的信息。如果数据主体希望了解更多，则可以通过一些简易的操作获得更详细的信息。这样做有助于提升信息提供的条理性并满足简洁和易懂性的要求。

分层通知特别适合线上商业以及电子商务的使用场景，让数据主体通过点击链接来进行信息层之间的移动。如果个人数据是以线上方式收集的，则仍可采用分层的方法，让数据主体获得更详细的资料。

②即时通知。使用即时通知可提供在特定数据收集节点处理数据的信息。与分层通知的概念类似，这种方法通过向数据主体提供与他们特别相关的信息，帮助将数据处理信息划分为多个可管理的部分。例如，在数据主体使用在线表格提供数据时，可以向其提供关于处理个人数据的特定项目或目的的信息。

③使用总结性表格。将合理数据处理通知与允许数据主体控制其个人数据处理方式的隐私表格连接，通过这种方法，数据控制人可以告知并与数据主体就其个人数据处理进行联动。

④使用其他格式。数据控制人可以考虑使用动画、影像或 3D 可操作面板等新形式向数据主体提供信息。

第七章

数据主体的权利

欧洲数据保护法一直为个人提供一系列具有强制执行力的权利用于限制处理数据的机构，以保护数据主体的基本权利。与之前的数据保护法律相比，GDPR 为数据主体提供了更为广泛的权利，使其更加复杂和具有深远意义。这些 GDPR 第 12 至 23 条规定的数据主体权利，不仅会限制机构合法处理个人数据的能力，还可能对机构的核心业务流程甚至业务模式产生重大影响。这些权利大致包括以下内容：

第 12~14 条：透明化沟通和获取信息的权利。

第 15 条：访问权。

第 16 条：纠正权。

第 17 条：删除权（“放弃权”）。

第 18 条：限制处理的权利。

第 19 条：通知接收人的义务。

第 20 条：数据可携带权。

第 21 条：反对权。

第 22 条：不受自动化决策影响的权利（用户画像）。

1. 数据主体权利实现的形式要件

GDPR 第 12（2）条要求组织为数据主体权利的行使提供便利。根据 GDPR 的规定，数据控制人应使用所有合理的手段来验证数据主体的身份。因此，如果数据控制人对数据主体的身份有合理的怀疑，数据控制人可以要求数据主体提供必要的附加信息。

另一个操作层面的问题在于回应数据主体关于其行使数据主体权利的时间。GDPR 第 12（3）条规定了回应数据主体关于实现其数据主体权利要求的时间期限：一般情况下数据控制人应当自收到数据主体的要求起一个月内对该要求作出回应，特殊情况下或数据主体的要求过于复杂的情况下可以延长最多两个月。在收到数据主体要求的第一个月内，组织必须决定它是否可以对数据主体的请求采取行动。如果组织决定不满足数据主体的请求，则必须通知数据主体，并告知他们有向监管机构提出投诉的权利。

就向数据主体作出回应的形式而言，GDPR 旨在建立并依赖基于技术的流程，即以电子方式接收的请求应该以电子方式回答，除非数据主体需要其他形式的内容。虽然这似乎是一个简单的要求，但公司不应低估潜在的安全的影响。由于电子邮件加密仍然没有被广泛使用，因此当以电子方式交付信息时组织将面临为敏感信息提供安全通信的技术性挑战。

2. 双方的通信需要保有必要的透明度

正如前一章所讨论的，透明度是任何数据保护系统的基础，因为如果无法适当地告知数据控制人数据处理活动，个人的隐私权就无法得到保证。实质上，GDPR 确立了数据主体的权利，支持数据主体拥有所需的所有资料，以便了解数据处理的性质，并进一步行使其法定权利。因此，GDPR 第 12（1）条要求组织传达的任何信息都应以“简洁、透明、易懂和容易获取的形式，使用清晰和简单的语言”提供。

3. 信息权（关于个人数据收集和处理）

根据 GDPR 第 13 条，数据主体有权获得某些描述其与数据控制人关系的信息。这包括数据控制人的身份和联系方式，处理其个人数据的原因或目的，进行数据处理的法律基础，个人数据的接收人信息（特别是如果这些接收人居住在第三国），以及确保公平和透明处理数据所需的其他相关信息。此外根据第 14 条，如果从第三方收集或获得数据，数据控制人必须识别数据的来源，以便有效地使数据主体能够行使其权利。

4. 查阅权

GDPR 第 15 条所规定的查阅权在某种意义上是对第 13 条和 14 条中较为被动的信息权的主动行使方式。数据主体有权从数据控制人处获得与他们有关的个人数据是否在被处理的信息。在这种情况下，除查阅个人资料外，数据主体还有下列权利或获得下列资料：

①数据处理的目的；

②有关个人数据的类别；

③个人数据接收人或个人数据已披露或将会披露的接收人类别，特别是当数据接收人位于第三国或其他国际组织的情况下；

④个人数据的预期储存期限或用以确定储存期限的标准；

⑤数据主体有权要求数据控制人纠正或删除个人数据或限制处理与数据主体有关的个人数据或反对此类处理的相关信息；

⑥数据主体有向监管机构投诉的权利；

⑦如果个人数据不是从数据主体处收集的，提供关于其个人数据来源的信息；

⑧当存在 GDPR 第 22（1）和（4）条所述的自动数据处理时，需提供在这些自动处理的情况下所涉及的处理逻辑，以及这种处理对数据主体的意义和预期后果的相关信息。

在实践中，这些类型的请求可能会给组织带来巨大的管理负担，因此应该预先考虑需要准备什么样的流程来协助完成数据主体的这些请求。这些流程应该从务实的角度对下列问题提出解决办法：

①建立的流程必须确保组织在收到数据主体访问请求后的一个月内回应。因此，需要定期部署跟单系统或类似的技术解决方案。由于只有在申请比较复杂，或机构收到同一个人多次提出申请的情况下，才有可能将时限再延长两个月，因此应事先考虑这些情况，并设定适当的内部时限。

②如果对提出请求的个人的身份有任何合理的怀疑，在组织向提出请求的一方要求更多的信息以确定提出请求人身份时，对该请求所对应的数据处理必须暂停。需要注意的是，组织只能要求确定请求方是谁的必要信息，因此需要考量要求额外信息的相称性，否则可能构成一个全新的数据处理行为而承担更多合规义务。

③当组织处理的数据主体的请求是关于未成年人的数据主体权利时，需要特别注意处理该请求过程中的细节。当向未成年人披露信息时，应该强调使用特别清楚和简单的语言，并且在响应数据主体的访问请求以获得关于未成年人的个人数据之前，必须根据这些未成年人是否足够成熟来对他们是否了解自己的数据主体权利进行评估。在某些情况下，由父母代表他们行使数据主体权利是明显符合孩子最大利益的。

④当披露任何信息时，组织必须考虑一个人的访问请求是否包括关于其他人的数据，在这种情况下，其他人的数据主体权利必须得到充分保护。在某些情况下，这可能需要数据在披露之前被编辑，或者如果临时进行编辑是不可能的或显然不合理的，那么在允许该数据主体查阅数据前应当征得其他数据主体的同意。

⑤关于代理的访问请求，请注意 GDPR 实际上并不禁止个人通过第三方发出查阅数据的请求。第三方可能是律师、会计师或任何其他代表数据主体的人。在这种情况下，组织应当积极确认该第三方有权代表数据主体提出查阅请求。虽然提供享有代理权

的证据是第三方的责任，但作为数据处理过程的一部分，组织应清楚地记录代理请求的性质，并保留相关的权利证明。显然，由于这种记录的过程构成了一个新的数据处理行为，代表数据主体行使代理权的个人应该被充分告知。

⑥如果机构认为一个主体访问请求明显是没有法律依据的或过度的，它可以要求一个“合理的费用”来处理该请求或拒绝处理该请求。在任何一种情况下，它需要证明其决定的合理性，并彻底记录评估所依据的事实和过程。

5. 纠正权

数据主体有权对不准确的个人数据进行纠正，数据控制人必须确保不准确或不完整的数据被清除或修正。例如，一个人被放在一个类别的目录中，该目录表明这个人有执行一项任务的能力，然而如果这个分类本身就是基于不正确的信息作出的，那么数据主体就有权提出纠正。纠正数据库中的错误或填写不完整的信息，对于组织来说，通常不是一个单独的、孤立的问题。个人数据通常是相互链接和合并处理的，因此对任何数据块的任何更改都可能产生比单一数据更改更广泛的后果。

组织的流程必须考虑到，在 GDPR 下，任何个人都可以口头或书面提出纠正请求，并且组织必须在收到请求的一个月内作出反应。如果组织决定拒绝纠正请求，必须立即告知数据主体不进行纠正的原因，并告知他们有向主管数据合规监管机构（DPA）提出投诉的权利，以及他们享有通过司法救济寻求执行这一权利的权利。这种沟通应该形成文件，以帮助组织对潜在不合规的指控进行辩护。显然，由于这种沟通本身也需要进一步处理个人数据，数据主体也应在这方面得到充分的通知。

如果组织决定执行错误信息的纠正，但该信息曾经向其他第三方公开，组织需要向这些第三方告知信息纠正的事实。如果向这些第三方的告知成本过高或者几乎不可能实现，则组织需要详细记录这些情况以在未来证明自己的合规性。

6. 删除权（被遗忘权）

所谓的被遗忘权可能是欧盟委员会最初在 GDPR 提案中最重视的方面之一。GDPR 第 17（1）条规定，在下列情况下，数据主体可在任何时间以书面或口头要求删除其个人数据：

①个人数据不再需要用于其原始目的，也不存在新的合法目的；

②个人数据处理最初依赖的合法依据是数据主体的同意，现在数据主体撤回同意，且不存在其他合法依据；

③数据主体行使异议权反对数据处理，数据控制人无凌驾性理由继续处理；

④个人数据被非法处理；

⑤为了符合欧盟法律或相关成员国的国内法，删除个人数据是必要的。

此外，GDPR 第 17（2）条要求，如果数据控制人已将任何个人数据公开（例如，在电话簿或社交网络中公示），并且数据主体行使删除权，数据控制人必须采取合理的步骤（包括应用技术解决方案，但同时也需要考虑到成本），通知作为数据控制人处理该已公布的个人数据的第三方，数据主体已行使删除权。

此外，必须指出的是，GDPR 非常强调应要求删除儿童个人数据的权利，这明确重申了 GDPR 下加强保护儿童个人数据的目标，特别是在网络环境中。因此，如果数据的处理是基于儿童的同意，组织应该特别重视任何删除的请求。即使请求删除者在提出请求时已经不再是儿童，组织仍然要以对待儿童的高合规标准对待这一请求，因为在过去，他们可能没有完全意识到在同意时处理他们个人数据所涉及的风险。

删除权的豁免列在 GDPR 第 17（3）条中，该条款允许组织在必要的数据处理情况下拒绝数据主体的删除请求：

①行使言论自由和新闻自由的权利；

②为了遵守欧盟或其成员国的法律义务，或为了执行公共利益的任务，如公共卫生、存档、科学和历史研究或统计目的；

③为了法律诉讼或对指控进行辩护。

GDPR 亦赋予数据主体要求提供其个人数据已经披露给数据接收人情况的权利。对此，GDPR 第 19 条要求，如果数据控制人向特定的第三方披露了个人数据，并且数据主体随后行使了纠正、删除或限制处理的权利，数据控制人必须将数据主体行使这些权利的情况通知第三方。只有在不可能遵守或遵守这一要求成本过于高昂的情况下，数据控制人才能免除该义务，并且免除的理由必须由数据控制人充分证明。

最后，与删除权最相关的问题之一，即这是否包括从备份系统中删除。一般来说，一个组织收到有效的删除请求后，如果没有豁免申请，它将不得不采取足够的步骤以确保数据从其所有系统删除，这就包括从备份系统中删除。当然，是否要从备份系统中删除取决于具体情况，如果数据控制人决定暂不从备份系统中删除，必须标记相应的备份数据集，并且在组织的内部控制程序中必须建立起一种流程，以确保在不彻底检查是否符合该特定数据主体权利的情况下，这些标记的备份不能被恢复。

7. 限制处理权

GDPR 第 18 条规定，在下列情况下，数据主体有权限制其个人数据的处理：

①个人数据的准确性受到质疑（并且只在需要验证准确性的时间内）；

②个人数据处理是非法的，数据主体要求限制（与行使删除权相反）；

③数据控制人不再需要该数据用于其原始用途，但数据主体仍要求该数据用于法律诉讼、行使辩护权或维护法律权利；

④当数据主体提出删除请求但数据控制人可能存在其他理由拒绝删除时，可以行使限制处理权。

该第 18 条下的限制数据处理情形适用于任何数据处理行为和数据处理阶段，实务中在技术上如何做到这一点还有待观察，但 GDPR Recital 67 对此提供一些指导，建议通过“临时将选定的数据转移到另一个子处理系统，使选定的个人数据对用户不可用，或暂时从网站上删除该数据”来实现对 GDPR 第 18 条的遵守。总之，该条下的合规目标必须是确保除存储数据外，不得以任何方式处理有关数据，除非该个人已同意进行特定形式的处理，或除非该处理是为了诉讼、辩护、保护他人的权利或者为了更重要的公众利益。

在许多情况下，对数据处理的限制只是暂时的。一旦组织已经作出了一个关键性的决定，例如，存在合法理由凌驾于数据主体请求限制，它就可以解除数据处理限制，但它必须在解除数据处理限制之前充分地通知数据主体。通知数据主体的信息可能包括该组织拒绝依据 GDPR 第 16 或 21 条（限制权主要与这两项条款有关）规定的数据主体权利对数据处理进行限制的原因和所依据的事实。

8. 数据可携带权（便携性权）

数据便携性是欧洲数据保护法中的一个全新术语。GDPR 第 20 条规定，数据主体有权接收他们自己的个人数据，这些数据需以结构化的、常用的和机器可读的格式提供给数据控制人。数据主体有权在不受数据控制人阻碍的情况下，将个人数据传输到另一个数据控制人。从技术上讲，数据控制人必须要么以可用的方式将数据移交给数据主体，要么应其要求（GDPR 第 20（2）条），在技术上可行的情况下，直接将数据转移到数据主体选择的数据接收方，如将电话号码、身份信息从一个电信运营商的客户列表转移到另一个电信运营商的客户列表。

对于一些组织来说，由于需要在系统互通性和流程上作大量投入，这种在数据控制人之间转移个人数据的新权利造成了巨大的额外负担。另外一个棘手的问题是如何处理包含其他人的个人数据的个人数据转移要求，因为一个组织如果根据可携带性要求向任何其他控制人提供数据，就会使自己处于法律上的合规风险之中，并且很容易被发现对错误披露个人数据的行为负有责任，即使它没有任何真正的机会在披露之前验证对方的合规情况。因此，组织应始终考虑向其他数据控制人传输个人数据是否会对第三方的权利和自由产生不利影响。虽然可能有合法的理由拒绝数据主体提出的数据转移请求，例如，它会影响其他人的权利和自由，但必须考虑到，组织有责任来解释为什么拒绝这些数据转移请求是合法的，并且需要对证明自己行为合法所依据的事实进行存档记录。

9. 反对权

根据 GDPR 第 21（1）条，即便数据控制人基于其合法理由进行数据处理，数据主体依然可以反对这种处理。GDPR 没有对有效的反对意见指定任何特定的形式要求，而且反对意见可以口头或书面提出，因此数据控制人需要特别注意在流程中妥善地处理这种反对请求。

此外，数据主体可以向属于数据控制人的任何机构的任何人员提出异议，反对的提出不需要指向特定的人员或联络点，也不需要包含“反对处理”的确切措辞或对 GDPR 第 21 条的引用。因此，任何员工都可能收到有效的口头异议，而公司面临着妥善处理它的法律责任。对此，组织需要仔细考虑他们的哪些员工会经常与个人互动，可能需要通过专门的培训来规范员工处理这些可能的反对请求。一般认为最好的做法是起草一项具体的隐私政策，充分记录收到的反对意见的有关细节，特别是针对那些通过电话或亲自上门提出的反对意见。

数据控制人在收到有效的反对后将不再被允许处理数据主体的个人数据，除非能证明存在令人信服的合法的理由继续进行数据处理。这些理由必须非常有说服力，足以凌驾于数据主体的利益、权利和自由之上。不过 GDPR 本身没有解释什么会被认为是令人信服的合法理由，实践中一般进行诉讼、辩护或遵守法律的强制性规定才会被认为是足以对抗数据主体反对权的合法理由。

10. 数据主体权利的限制

尽管数据主体的权利作为 GDPR 中非常重要的一环需要被最大限度地保护，但欧盟成员国依然有可能通过本国法律对 GDPR 第 12 至 22 条规定的数据主体权利范围作出限制。成员国有权根据 GDPR 第 5 条的原则对这些权利进行限制，只要其规定符合第 12 至 22 条规定的立法原则。特别是，成员国可在尊重数据主体基本权利和自由的同时，为维护国家安全、国防或公共安全利益对数据主体权利作必需的限制。

第八章

个人数据的安全

确保数据的安全往往是遵守其他数据保护原则的先决条件。数据保存的不安全可能导致个人数据非法跨境传输，可能导致个人数据的更改和被嵌入不准确的信息，可能导致数据的无序扩散传播，更会因为数据安全漏洞给数据主体造成金钱和精神上的双重损失。因此，数据安全原则与所有其他数据保护原则交织在一起，构成其他数据保护原则不可分割的组成部分。

个人数据安全和网络安全之间有着密切的关系，虽然个人数据安全和网络安全并不总是同义词，但这让数据安全原则提升到了另一个区别于所有其他数据保护原则的程度。欧盟也通过了与网络安全相关的立法，其中一些要求与 GDPR 重叠，特别是关于关键基础设施、在线平台和云计算服务中出现不合规的报告要求。

该法律领域的另一个特点是某些安全概念和隐私权之间有明显的对立关系。隐私和数据保护法引入了安全问题的例外情况，如为了应对国家安全要求和执法要求。为了一些更广泛的利益，在实践中有时需要适当牺牲数据安全原则。

对 GDPR 中的新概念，如“设计和默认的数据保护”而言，其中的合规机制和细节对大多数从业者来说仍然是难以确定的。数据保护从业人员必须超越立法文本和监管本身，在非常详细的技术视角下理解数据安全原则的要求。

1. 数据安全原则和基于风险的处置方法

GDPR 第 5（1）（f）条确立了安全原则，即处理个人数据应“以确保个人数据安全的方式进行处理，包括使用适当的技术或组织措施，防止未经授权的访问或非法处理，以及防止个人数据的意外丢失、破坏或损坏”。GDPR 第 32 条对第 5（1）（f）条进行了扩展，规定了安全原则实际需要什么，即采取适当的技术和组织措施，以确保有适当的数据安全水平以应对主要安全风险，该条文的要求直接针对数据控制人和数据处理人。

数据控制人和数据处理人都有义务证明他们应用了适当的安全性措施。GDPR 第 5（2）条与第 24 条一起，要求数据控制人能够证明其以合规的方式履行实施安全措施的义务。GDPR 第 28（3）（h）条对数据处理人提出了类似于数据控制人的证明要求。作为对数据处理人的附加检查，第 28 条要求数据控制人通过使用合同或其他法律行为将合规义务落实到数据处理人。为了实现这些合规目标，数据控制人和数据处理人需要了解他们的数据处理操作的范围。GDPR 第 30（1）条要求数据控制人在其职责范围内保存处理活动的记录，其中应包括“第 32（1）条所述的技术和组织安全措施的总结性说明”。GDPR 第 30（2）条则对数据处理人规定了类似的义务。

GDPR 第 32 条规定了安全的基本原则，这一原则与第 33 条和第 34 条的个人数据泄露告知义务相对应。此外，GDPR 在第 25 条中规定了设计数据保护和默认数据保护要求，以及在第 35 条和第 36 条中规定了数据保护影响评估和事先咨询要求。

(1) 数据处理的安全性

GDPR 第 32 条规定了保护个人数据安全的义务，它同时适用于数据控制人和数据处理人。以下是第 32 条涵盖的三个安全域，它们分别是：

①预防性安全措施；

②安全事件检测和响应措施；

③补救措施。

如图 8-1 所示。

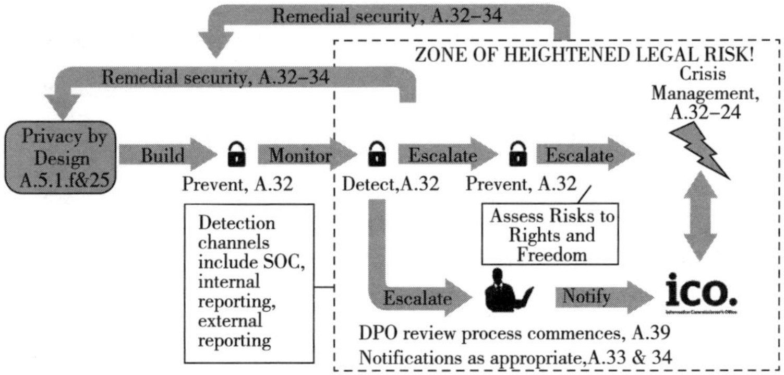

图 8-1 数据处理的安全性

数据控制人和数据处理人需要实施控制措施，以抵御复杂的技术威胁，如恶意软件、拒绝服务攻击和其他犯罪威胁，以及防范因员工的疏忽而造成的数据安全威胁。第 32 条中的用语“适当”表示 GDPR 不要求组织对数据提供绝对的安全保障，换句话说，数据控制人或数据处理人有可能在不违反法律的情况下出现数据安全漏洞，从而为组织应对监管机构的执法提供一种辩护策略。但数据合规从业人员不能仅仅依据 GDPR 的法律要求设计合规措施，因为欧盟成员国很有可能通过立法创立其他更严格的数据安全法律责任。例如，在英国最近的一个案例 Morrison Supermarkets Plc v. Various Claimants 中，“替代责任”（vicarious liability）的原则为组织创造了一种绝对的个人数据安全注意义务，组织不能因为对内部人员作恶行为的不知情而免受数据保护法律的处罚。

GDPR 第 32 条要求采用基于风险的方法来评估哪些是或不是适当的数据安全风险控制，换句话说，数据控制人和数据处理人需要进行风险评估。风险评估必须考虑要处理的数据的性质，以及合理预见的可能利用业务流程和技术系统漏洞的数据安全威胁。一般而言，更高的概率或更大影响的威胁将意味着组织需要采用更严格、更复杂的风险控制，尤其是在处理敏感数据时。风险评估还包括对当前前沿技术所带来数据安全风险的评估和消除这些风险需要付出成本的考量。这一评估要求数据控制人和数据处理人考虑当前行业最佳数据安全实践，而不仅仅是行业平均水平。为了确保安全性，数据控制人和数据处理人需要参考数据安全行业前沿专家的共识性意见。专家共识性意见得到市场广泛采纳的一个例子是加密在数据行业中越发广泛的应用。随着加密要求在实践中的不断发展，GDPR 第 32（1）（a）条确定加密技术和假名化是数据控制人和数据处理人在设计其安全系统时必须考虑的一种风险控制方式。

当然，不是所有的组织都能落实全面的安全控制措施，如果实施安全控制措施的成本过高，那么即便数据安全性受到威胁，法律也不要求组织实施这些成本过分高昂的控制措施，但组织应当就其成本核算和数据安全风险之间的平衡性进行评估，并记录这一评估过程以实现合规目的。

（2）关于保密、员工和其他职工

GDPR 第 32（4）条涉及员工和其他工作人员在数据控制人或数据处理人的授权下进行的活动。所有通过为数据控制人和数据处理人工作而获得个人数据的人，都相当于负有一种保密义务。第 32（4）条的实质是这些有可能接触到个人数据的人必须在他们受到的工作指示范围内行动。例如，他们不得通过未经授权向第三方披露的方式滥用个人数据为自己谋利或为他人谋利。

在数据安全方面，员工和其他工作人员带来的风险常被称为“内部威胁”。数据控制人和数据处理人应该制定强有力的内部控制政策，提醒员工他们在处理个人数据时的法律责任，为他们提供基于工作角色的定期培训，并明确违反政策规定的后果。为了实现数据安全，员工受到一些主动性的监督是合理的，但他们的雇主应注意不要构成工作场所的隐私侵犯行为。关于雇员在工作场所的隐私保护详见第十二章。

（3）数据控制人与数据处理人之间的关系

GDPR 第 28 条包含了数据控制人与数据处理人之间关系的规定。GDPR 第 28（1）条的目的是将安全原则和相关安全要求引入数据处理人的组织，并引入到二级分包数据处理人的组织。为了实现这一立法目标，GDPR 第 28 条限制数据控制人将数据处理工作委托给第三方数据处理人，除非该数据处理人能够提供“充分安全保证”，并实施适当的技术和组织措施以遵守 GDPR 并保护数据主体权利。

“充分安全保证”不仅仅意味着双方要在合同中详尽地规定数据保护义务，还意味着数据控制人应当对数据处理人的组织和技术能力作充分的评估，比如按照 GDPR 第 28（3）（h）的规定进行审计。如果数据控制人无法就数据处理人的数据安全能力进行证明，它必须放弃与该数据处理人合作，否则即自动违反第 28 条之规定。

根据 GDPR 第 28（10）条，数据处理人只能依照数据控制人的指示进行数据处理。如果数据处理人的数据处理行为超过了数据控制人设定好的边界，则其有很大可能将被定义为数据控制人并承担数据控制人的义务。另外，根据 GDPR28（3）（f）条之规定，数据处理人还应当积极帮助数据控制人实现合规目标并降低数据安全风险，包括向数据主体告知任何数据安全事故。因此，数据控制人必须与数据处理人紧密合作。

2. 数据安全事故发生时的提示和告知义务

GDPR 第 33 条要求数据控制人在某些情况下就数据安全事故通知数据合规监管机构，第 34 条要求数据控制人将数据安全事故告知受到影响的数据主体。这两条的规定体现了 GDPR 的透明性原则，通过及时的告知避免或降低损失。

（1）数据安全事故的定义

GDPR 第 4（12）条将“数据安全事故”定义为“违反数据安全义务导致意外或非法破坏、丢失、更改，未经授权披露、访问、传输、存储或以其他非法方式处理个人数据”。第 4（12）条的措辞意味着，数据安全事故需要包含一个实际的安全漏洞，并且实际上导致了上述负面结果。换句话说，单纯因为安全漏洞导致的风险并不意味着数据安全事故，这让其与寻求防范风险的安全原则相区别。

（2）向监管机构报告的义务

GDPR 第 33 条规定了向数据合规监管机构通报数据安全事故的要求，并要求保存数据泄露记录和记录组织所采取的补救行动。通知义务的触发因素是组织发现了个人数据泄露事件，在此意义上，如果数据控制人不知道发生了数据安全事故，则无法触发向监管机构报告的要求。但这不意味着只要数据控制人自己不去监测数据安全事故就永远不会触发报告义务，数据控制人应该能够识别数据安全事故，并将其作为数据处理过程的一部分。因此，采取数据泄露检测措施是必要的法律义务。

一旦检测到疑似数据泄露，数据控制人需要确定该事故是否符合个人数据安全事故的定义，如果符合，需要进一步确定该事故是否可能对个人权利和自由造成风险。数据控制人必须非常迅速地完成这一评估，因为数据控制人需要在发现数据安全事故的 72 小时内作出通知而不能有不适当的延迟。根据 GDPR 的要求，当数据控制人有合理程度的把握确信发生数据安全事故而导致个人资料遭泄露时，即视为数据控制人已发现并开始 72 小时的计时。当然，由于这一定义实际上是一个事实问题，所以数据控制人一般会有一个实践上的宽限期从而让评估时间超过 72 小时。关于违约披露机制，GDPR 第 33（3）条规定了一些核心指标，而第 33（4）条规定了当数据控制人无法在通知的时间点提供所有所需信息时的情况。GDPR 第 33（2）条则规定了数据处理人在数据安全事故中的告知义务，要求数据处理人必须将个人数据泄露的情况不加延迟地告知数据控制人。

当然，为了在短时间内进行检测、分类和通知以符合 GDPR 的要求，数据控制人需要制定事故响应策略。事件响应策略一般应当包括事件响应计划、事件响应预案、事件响应团队的动员等。

(3) 向数据主体告知的义务

GDPR 第 34 条规定，如果这些数据泄露可能给个人的权利和自由带来高风险，则数据控制人需要将数据安全事故的情况告知数据主体。因此，与第 33 条的无条件报告数据合规监管机构义务不同，GDPR 第 34 条中的告知义务需要满足一定的条件。例如，个人姓名和邮箱账户数据的泄露事故需要上报给监管机构，但由于人们往往已经在网络环境下公开了他们的姓名和邮箱，因此这种数据泄露理论上不会对数据主体产生影响，即没有必要一定去告知数据主体。关于什么样的数据安全事故可以被认为会对数据主体造成重大风险，GDPR Recital 75 和 Recital 76 对此作出了一定的解释。

GDPR 第 33（3）条规定了告知义务的例外情况。第一种例外情况即数据控制人已经对数据实施了加密或其他处理使个人数据变得不可读或难以理解。这一例外规则也被称为“加密安全港”，因为加密安全措施的应用免除了数据控制人的告知义务。

换句话说，加密技术的使用具有去监管性。第二种例外情况即数据控制人已经采取了积极措施阻止了高风险后果的发生。如果组织有一个应急预案可以快速地响应并减轻违规后果，那么在发生数据安全事故发生之后就不太可能需要通知数据主体。第三种例外情况是履行告知义务的成本过高或几乎不可能实现，最可能出现这种情况的是数据控制人无法识别受数据泄露影响的所有个人。在这种情况下，组织仍然需要以某种形式广泛公开声明履行一定的告知义务，如通过新闻发布或在网站上的声明。

另外根据 GDPR 第 34（4）条，监管机构可以命令数据控制人履行告知义务，比如数据控制人根据第 33 条向监管机构披露数据泄露信息后监管机构可能会依职权要求数据控制人进行告知。

那么何谓对数据主体的高风险数据安全事故呢？GDPR Recital 75 和 76 对此作出了解释。一般而言，高风险有两种含义，一种是有数量庞大的数据主体受到影响，另一种是对某些数据主体的伤害性较高。常见的高风险数据安全事故有以下情况：

①对线上业务的网络攻击，从而导致大量数据泄露；

②加密数据收到勒索攻击，且这些加密数据没有备份或无法恢复；

③因网络攻击导致医疗记录长达 30 小时以上无法访问；

④一个直接营销电子邮件发送至多个个人，且公开所有收件人的电子邮件地址给每个收件人。

3. 数据安全的实现

良好的方案设计是大规模业务合规性的成功的基础，一个好的方案应当考量组织的架构是否合适，并实际执行技术和组织控制措施，包括方案设计和管理、治理结构、政策框架和技术控制等方面的内容。一个强大的安全方案不仅应该是一个数据保护法规合规的考量，更应该是一个在标准组织管理过程中保护财务、运营、声誉和法律利益的必要部分。因此，数据保护专业人士必须确保他们与机构内的安全专家建立适当的联系。

（1）威胁指标、失败原因和风险评估

数据安全保护失败的原因是多种多样的，从无意的事故到有意的破坏行动，但从广义上说，数据控制人和数据处理人在设计数据安全风险的响应机制时应该考虑以下因素：

①威胁和漏洞评估以及安全性能成熟度评估；

②安全管理行为；

③人为因素；

④物理环境；

⑤网络和技术环境；

⑥策略、控制和业务流程框架；

⑦事件检测和响应。

当然，为了使组织能够进行全面的风险评估，需要识别和理解完整的个人数据生命周期（GDPR 第 30 条）。数据控制人应进行数据映射和库存管理操作，以便能够精确定位所有数据捕获和数据输入点，并应能够绘制出数据在组织中的位置，当数据到达冗余点时数据应当被彻底删除或销毁。现如今，云计算、自带设备办公（BYOD）和“影子 IT”的发展加剧了数据周期内数据的控制问题，在这种情况下，组织很容易失去对个人数据的有效控制。此外，外包的增长将技能和专业知识集中在专业数据处理人员手中，导致许多组织的内部专业知识逐年流失。组织需要想办法减少这些问题带来的不利影响。

（2）加深对数据保护的理解

数据合规人员除了咨询他们的内部安全专业人员关于安全威胁的性质和风险响应策略的性质，还可以从以下领域进行审查：

①相关立法，包括 NIS Directive、ePrivacy Directive、Cybercrime Directive、Payment Services Directive No. 2 等；

②专业机构输出的观点，如 WP29、欧洲数据保护主管部门和欧盟网络和信息安全机构；

③安全中心的观点输出，如英国的国家网络安全中心；

④国家政府的政策框架，如国家网络安全计划；

⑤国家数据合规监管机构和行业监管机构发布的监管政策声明和其他指导意见；

⑥国家数据合规监管机构及相关监管机构提出的监管执法决定；

⑦相关领域的判决；

⑧最佳实践的国家和国际标准，如 ISO 27000 系列，支付卡行业数据安全标准，CBEST 和 NIST 框架。

（3）有效的管理

一个有效的数据安全管理必须具备某些关键属性。例如，安全问题将被视为董事会层面的问题，董事会必须培养一种风险意识和尊重个人数据的文化。组织需要成立一个多学科团队，负责风险管理，包括来自数据科技、安保、法律、合规、人力资源、财务、审计、公司秘书处等领域的高级管理人员。组织需要划拨出足够的资源，确保该组织将严肃对待偏离政策和其他数据安全相关事件。当然，管理团队将需要参与计划制订和演练，例如情景模拟和角色扮演。

（4）建立数据合规文化，对风险高度重视

良好的组织措施需要构建起行为准则，并对数据合规风险高度重视，其中应当包括以下关键部分：

①了解人员风险。合规文化建立的开始是识别工作中的安全风险，以及如何消除这些风险。IT 部门工作中的风险不同于企业中面向客户的角色所可能面临的风险。办公室工作的风险与户外

工作者或在家工作者不同，这一微观层面的风险评估过程将从入职起确定减轻数据安全风险的不同路径。

②招聘流程。设计招聘流程的目的是找到合适的人选。收集和处理候选人信息的方式传达了组织对安全和保密的重视程度。招聘广告的内容和投放、面试和评估过程、推荐信的收集、入职前的工作或背景调查，都需要考虑到信息处理的方式。

③offer 和雇佣合同。招聘过程的这几个阶段提供了充分的入职前嵌入组织文化的机会。这些特别重要的文件应该包含正确的措辞，解释组织的数据合规期望和实现其期望的途径。

④持续的、基于工作角色的培训。数据合规教育不会在入职日结束。组织必须提供持续的、基于角色的培训，让员工跟上政策、安全威胁以及他们在处理这些威胁时的角色。

⑤监视执行。基于数据安全目的监视员工的行为是一项必要的活动，并且可以根据 GDPR 的规则进行合理的处理。然而，在某种程度上过于侵入个人隐私的监控，包括不透明的监控，很容易违反工作场所隐私的规定。欧洲数据保护委员会（EDPB）似乎认识到工作场所监控需要数据保护影响评估（DPIA），这一评估需要根据 GDPR 第 35 条执行。

（5）数据安全相关政策文件

数据保护专业人士应该考虑到，文书工作不充分或缺乏相关隐私政策、控制措施和流程框架将给监管机构造成坏的印象，因为文书工作的充分性是监管机构在调查和执法过程中首先要考虑的问题之一。数据保护专业人士还应考虑诉讼的动态，在大多数司法管辖区，披露或发现不合规的过程大都发生在以文件为重点的诉讼中。因此，如果披露的过程显示文书工作不充分（包括政策和记录保存不充分），也会给人留下不好的印象。接下来，数据保护专业人士应该考虑企业之间的合同流程，在合同尽职调查期间，必须要求合同一方向对方的组织提供安全文件并审查之。

近年来，监管的倾向逐渐显现。在调查期间，监管机构有两种选择，他们可以着重检查该机构的合规文书工作，也可以检查该机构的实际运营情况。基于实际运营情况监管的问题在于，它比基于文书的监管更耗时、更昂贵，而且对组织的日常活动也更具破坏性。基本上，基于运营的监管模式要求监管机构在不确定结果的情况下，安排人员进入数据控制人的工作场所。文书性监管有着完全不同的方式，它比基于运营的监管更便宜、更快、更有效。它可以在监管机构的办公桌上进行，结果可能更确定。因此，组织一定要重视文书和制度的制定，这在某些程度上甚至比实际合规运营更重要。

（6）充分的技术储备

由于数据保护的主要焦点是电子数据，企业需要确保它们的技术是稳健的，并符合数据安全的目的。除了加密，市场上还有许多其他事实上强制实施的安全增强技术，如反病毒、反垃圾邮件、防火墙、身份和访问管理、事件检测、数据丢失预防、双因素认证和IP日志管理等技术。组织需要充分评估采取这些技术的成本和所能带来收益之间的平衡，并在此基础上尽量增强安全技术措施。

（7）物理环境

物理环境的安全性是从业人员需要考虑的另一个重要因素。复杂的入口控制系统、闭路电视（CCTV）、锁和钥匙以及干净的办公桌政策与业务连续性和灾难恢复一样，都是重要的组成部分，并受到与其他监测控制相同的限制。

（8）数据处理人、供应商和销售商的风险管理

根据GDPR的要求，数据控制人必须做到：选择可靠的数据处理人；在合作期间保持质量控制和合规性；在合同中构建数据保护的法律关系，其中包含必要的条款，要求数据处理人实施并保持适当的安全措施，根据数据控制人的指示进行处理，在合规性上与数据控制人合作，包括违约披露，并将这些要求串联到整个供应链中。那么，数据控制人如何防范GDPR第28条的法律风险呢？可以拟订一份在订约前尽职调查阶段要考虑的问题清单，该清单可以提供证据证明采取了必要的步骤，这些步骤包括：

①验证数据处理人对数据合规事务的理解；

②调查数据处理人是否有数据泄露或数据安全方面的不良

记录；

③调查数据处理人是否正在接受监管机构的调查；

④调查数据处理人的其他用户；

⑤调查数据处理人是否根据 ISO 27001、CBEST、PCI DSS 或其他制度认证信息安全性；

⑥实际走访交流；

⑦进行预先审计；

⑧了解数据处理人的上下游供应链情况等。

4. 数据安全事故处置计划

为了应对数据安全事故，组织需要事先制订数据安全事故响应计划。一个好的事件响应计划的核心要求包括：

①高层领导的理解和正式批准；

②一个既关乎事件响应的预期方面又关乎事件响应的响应方面的治理模型；

③事件响应团队和参与事件响应功能执行的每个人都必须知道如何、何时以及为什么可以作出决策以及出于什么目的；

④将涉及的人员和他们的角色的列表；

⑤预测性、前瞻性结果分析；

⑥强制报告“异常”事件；

⑦多学科/多司法专家在评估安全性时的观点；

⑧演练计划，如“桌面”事件；

⑨对外发布公共信息和进行通信的模板；

⑩对市场中的同行进行参照等基准测试；

⑪更新的时间表，以确保计划符合现行的法律和监管环境。

第九章

组织和个人所要承担的数据保护责任（GDPR的有责性要求）

在 GDPR 下，责任的意义是指一个组织为了显示和证明其遵守数据保护框架而必须遵守的不同义务。监管机构和立法者都在寻求一种不只是对合规事项逐项打钩的监管方法。它们希望企业能表明，其已经在企业 DNA 中植入了一种数据保护文化。简单地实施政策和程序，或填写和提交注册表格将不足以证明企业已经建立了这些基本数据保护制度。

1. 数据控制人的义务

根据 GDPR 第 5（1）条，数据处理人需要遵守数据处理的六项基本原则，该原则与之前的欧盟立法中的原则基本一致。然而，第 5（2）条是 GDPR 在原先基础上新增加的义务，它不仅要求数据控制人遵守第 5（1）条中概述的六项原则，而且至关重要的是，数据控制人必须能够证明其遵守了这六项原则。

GDPR 第 24（1）条进一步规定了责任义务，要求数据控制人实施适当的技术和组织措施，以确保数据合规处理并能够证明数据处理是按照 GDPR 的要求执行的，并在必要时审查和更新这些措施。这些措施应考虑到处理的性质、范围、背景和目的以及对个人权利和自由的风险。如果相关的数据处理导致对个人权利更高的风险，则数据控制人需要采用更高水平的保障措施以降低这些风险。GDPR Recital 75 在上下文中提供了一些高风险处理的例子，这些例子包括：可能导致歧视的数据处理，可能导致身份识别、欺诈或财务损失的数据处理，可能造成声誉损害的数据处理，可能导致需要专业保密的个人数据的保密性损失的数据处理，未经授权的对假名化数据的逆假名化，可能导致其他重大的经济或社会不利影响的数据处理，数据处理可能剥夺个人的权利和自由或阻止他们行使对其个人数据的控制，特殊处理。

GDPR 第 24（2）条规定了数据控制人执行合理的数据保护政策的要求。但是，仅仅制定政策不能保证组织做到完全合规，基于这一要求，不仅要制定完善的内部控制政策，还要明确内部的权责划分并做好培训工作。

（1）内部控制政策应当包含的内容

①政策适用范围。政策应包括一个简短的说明，说明内部政策适用于谁以及它涵盖的处理活动的类型。

②政策声明。应列出公司对其处理的个人数据的承诺或立场。它还应包括其收集和处理个人数据目的的描述，并应说明收集和处理个人数据的合法商业目的的类型。在这类声明中重申 GDPR 第 5（1）条的要求也是一个很好的实践方式。

③员工义务。政策应说明员工在处理个人数据时直接负责的不同领域。例如，应该提供描述，说明允许每个工作角色在收集个人数据方面能够和不能够做什么，详细说明所收集个人数据的使用限制。员工应充分意识到他们的安全义务，应被要求采取所有合理的步骤，以防止未经授权的数据访问或数据遗失。员工义

务还需要参照一些基本的行业准则，如 ISO 27001/2。另一项关键义务是关于个人数据的转移，除非能建立具体的合法理由，否则应当禁止转让个人数据。内部政策应该概述相关转移数据的理由。它还应规定员工在转移任何个人数据前应采取的步骤。当个人数据可能由处于欧盟的公司向欧洲经济区（EEA）以外发送时，这一点尤为重要。最后，员工义务还应当包括个人数据的销毁或删除步骤和措施。

④管理职责。这部分应当明确规定高层管理人员在数据处理方面的责任。这部分的政策还应规定，哪些高级管理人员必须与企业在数据保护方面合作，制定程序和进行控制，以识别和处理适当的风险。GDPR 规定了管理职责的分配，责任应明确分配给各个组织的角色，包括确定基于风险的技术、物理和行政保障措施，以保护个人数据，还应包括对存储个人数据的设备、设施和地点的保障措施，建立将个人数据转移到收集国家以外的国家和将个人数据转移到第三方的程序和要求。

⑤事故报告。应明确要求员工立即报告所有疑似或实际发生的数据安全事件，以及未经授权的数据披露或个人数据的不当使用。如果由公司的第三方服务提供商通知公司此类事件，那么员工所采取的步骤也应该在政策中明确说明。重大的数据泄露事故必须在 72 小时内向相关的主管机关（DPA）报告。政策中说明谁将负责事件的调查，谁将确定公司在适用的监管和法律框架下的义务。另外，事件响应计划必须定期进行压力

测试。

⑥政策遵守。政策应明确，不遵守政策或不遵守适用的数据保护法律可能意味着由公司和相关个人承担民事和刑事处罚。因此，政策应该明确指出，如果不遵守可能会导致纪律处分。组织应确保任何违反规定的内部纪律处分符合当地的就业和商业法律。根据这些法律，对违规的处分可能包括终止雇佣或服务合同、赔偿损失和支付违约金等。

（2）内部职责分配

内部职责分配应便于监管机关进行监督，允许数据主体行使其权利，并使政策、程序和流程能够定期更新。例如，在分配职责时，数据控制人可以创建一个隐私管理团队或委员会，负责监督数据保护框架内的合规情况。隐私团队或委员会将由来自业务职能领域或业务关键利益相关者的代表组成。

（3）培训

数据控制人应创建一系列内部培训方案，旨在告知员工数据保护的法律义务和政策要求。培训模块还可以包括相关政策，如信息安全和保留/删除程序。公司也应该定期发送信息更新，以提醒员工他们的隐私义务，明确他们在处理个人数据方面的义务和责任。

2. 基于设计的数据保护和基于默认的数据保护（data protection by design and by default）

在设计和默认情况下保护个人数据（或“在设计和默认情况下保护隐私”）是 GDPR 下的新规定，可描述为数据控制人必须实施的不同技术和组织措施，作为其在处理个人数据方面保护个人权利和自由的整体方法的一部分。欧洲数据保护主管机构（EDPS）在其初步意见中描述了“通过设计和默认的数据保护”和“通过设计和默认的隐私保护”的概念之间的区别，其中前一个概念解决了法规中规定的具体法律义务的问题，而后一个概念更广泛地解决了包括道德维度的问题，如与欧盟基本宪章权利的隐私原则的一致性。

（1）隐私设计

隐私设计要求在新产品或服务的设计之初，就将数据隐私保护合规的要求融入产品的功能设计中以降低隐私泄露或违规的风险。但隐私设计不仅仅适用于新开发的技术、产品或服务，从逻辑上讲现存的产品或服务也需要进行隐私设计以降低个人数据生命周期内可能出现的隐私风险。

（2）默认隐私

GDPR 还引入了特定的默认隐私义务，要求公司实施适当的技术和组织措施，以确保在默认情况下，只处理每个特定目的所需的个人数据。这一规定意味着公司不仅应采取措施限制或尽量减少个人数据的收集，而且应对处理个人数据的程度施加更大的控制。总之，默认隐私意味着在用户不进行任何操作的情况下，不会出现没有必要的数据处理和数据暴露的风险。在实践中，这可能意味着一旦客户获得新产品或服务，最严格的隐私保护机制将自动应用于该客户。

（3）默认隐私和隐私设计的实现

很明显，设计隐私和默认隐私的原则都必须成为任何新的产品、服务或系统技术开发的组成部分，因此隐私从一开始就是一个关键的考虑因素。但是，GDPR 并没有具体规定公司应该采取哪些具体的技术步骤来履行这些义务。在未来，数据控制人有可能通过在欧洲数据保护委员会批准的认证机制下获得认证，从而证明遵守了这些义务。GDPR 第 25 条规定，根据第 42 条创建的经批准的认证机制可以用作证明合规的方式，然而，目前实践中并没有统一标准的认证机制。

至少，在实施适当的技术和组织措施时，数据控制人必须考虑额外因素，包括当前的先进技术，实施这些措施的成本，数据处理的性质、范围、背景和目的，以及对自然人权利和自由的各类风险。可采取的技术措施类型包括：尽量减少正在处理的个人数据量；对数据进行假名化或匿名化；允许数据主体对自己的数据处理有更大的控制权，如提供可视化面板等。

另外，为了切实符合 GDPR 第 25 条的要求，组织应当思考并解决以下问题：

①个人数据是否被适当地映射、分类、标记、存储和访问，从而在数据主体提出数据要求时能够快速检索并响应数据主体的要求；

②系统是否建立了对冗余数据的自动删除功能，以及是否有自动判定哪些数据为冗余数据的算法或制度；

③是否有适当的制度以保证与主要商业目标无关的数据不会被自动收集或收集后有无审查体系；

④个人数据是否有匿名化或假名化的处理措施；

⑤个人数据是否可以被单独检索并编辑，从而当数据主体提出反对等要求时能够对单一数据作出删除等处理；

⑥个人数据是否采用常用的、机器可读的和具有操作互通性的格式，使公司能够满足数据主体提出的数据便携性的要求。

3. 合规文件的准备以及与监管的合作

在 GDPR 出台以前，在欧盟境内有分支机构的商业主体必须向本国的数据合规主管部门报告。甚至在某些国家，未经报告注册即开始处理个人数据是一种犯罪行为。GDPR 的出台废止了这一规定，但与之相对，GDPR 对各个商业主体提出了更高的数据合规行为记录的要求。这些记录虽然不要求主动向监管机构提交，但需要在监管机构提出要求时向其提供。另外，GDPR 第 31 条要求公司及其代表人就履行数据合规职责与监管机构进行积极的合作。

（1）需要进行记录的内容

GDPR 第 30 条概述了必须由数据控制人和数据处理人保存的记录。

数据控制人需要保存以下信息的记录：

①数据控制人的名称和联系方式，以及任何联合控制人、代表和数据合规官（DPO）的名称和联系方式；

②数据处理的目的；

③对数据主体的类别和个人数据类别的描述；

④已披露或将披露个人数据的数据接收人类别，包括第三国或国际组织的数据接收人；

⑤将个人数据转移到第三国，包括受让方在第三国的身份，以及适当的保障措施文件；

⑥不同类别的个人数据的保留期限；

⑦技术和组织保安措施的总体性说明。

数据处理人必须保存下列信息的记录：

①数据处理人的名称和联系方式，以及任何二级数据处理人、代表和 DPO 的名称和联系方式；

②数据处理人服务的每个数据控制人的名称和联系方式，以及他们的代表和 DPO 的名称和联系方式；

③代表数据控制人进行数据处理的处理行为类别；

④将个人数据转移到第三国的情况，包括受让方在第三国的身份，以及适当的保障措施文件；

⑤技术和组织保安措施的总体性说明。

（2）履行记录义务的例外情况

一般而言，如果一个企业的人数少于 250 人，则可以免除上述信息记录义务。但是在以下情况下，即便企业规模小也不能免除相关的记录义务：

①可能会对数据主体的权利和自由造成风险；

②数据风险经常发生；

③涉及特殊类别的数据，包括生物特征和遗传数据、健康数据或与一个人的性生活或性取向有关的数据。

此外，豁免不适用于与犯罪定罪相关的数据，对于这些数据必须强制性进行记录。

4. 数据保护影响评估

数据保护影响评估（DPIA），也被称为隐私影响评估（PIA），可以用于识别和消除开发新产品和服务或从事任何涉及处理个人数据的活动时可能出现的任何数据保护风险。DPIA 的概念一直由数据合规监管机构在隐私保护领域中进行讨论和推广，如今许多公司已经将嵌入和实施 DPIA 作为其现有项目管理和风险管理的一部分。

GDPR 强制要求组织对任何可能产生“高风险”的新项目进行 DPIA，或者在进行“高风险”的个人数据处理活动之前必须进行 DPIA。具体来说，GDPR 第 35 条要求，当进行某种类型的数据处理，特别是使用新技术时，应当考虑到数据处理的性质、范围、背景和处理的目的，以及可能导致自然人的权利和自由的高风险时，必须进行数据保护影响评估。

（1）构成高风险的数据处理情况

GDPR 第 35（3）条针对需要进行 DPIA 的高风险的数据处理类型举出了例子，这些情况包括：

①可能导致对个人有重大法律影响的广泛的系统性分析（用户画像）；

②运用大量“敏感数据”的数据处理；

③对公共区域进行大规模的系统监测（如对公共区域的监控摄像）。

（2）进行数据保护影响评估

根据 GDPR 第 35（2）的要求，当需要进行评估时，组织应寻求数据合规官（DPO）的建议。根据 GDPR 第 35（7）条，DPIA 必须至少包含并记录以下内容：

①关于数据处理方式和数据处理目的的系统性描述；

②关于实现数据处理目的而进行数据处理的必要性和均衡性评估；

③对于个人权利和自由的影响评估；

④为应对风险而采取的措施，包括保障措施、安全措施和机制，以确保对个人数据的保护。

（3）经评估后依然存在较高数据保护风险的处置

若经过评估后，数据处理行为依然有较高的数据风险，则数据控制人必须在进行相关数据处理前咨询数据合规监管机构。GDPR 允许各成员国的监管机构在 8 周内对相关咨询作出回应，若监管机构需要数据控制人提供新的资料，则这一周期可以再延长 6 周或直接中止该程序。关于数据保护影响评估将在之后的章节中详细介绍。

5. 数据合规官（DPO）

GDPR 中规定了组织任命 DPO 的义务，尽管不是每个公司都必须任命一个 DPO。数据控制人和数据处理人必须指定 DPO 的情况如下：

①数据处理是由公权力机关进行的；

②如果数据控制人或数据处理人的核心活动包括系统性的定期的对大规模人群的个人行为进行监控或追踪（关于何谓大规模，何谓系统性，以及何谓定期的在 WP29 中有详细的解释）；

③如果数据处理的核心活动涉及大规模的敏感数据的处理；

④当成员国的国内法有明确要求时。

（1）集团公司内指定 DPO

对于集团公司，GDPR 允许一个集团公司为集团公司旗下的多个商业实体指定一个统一的 DPO，前提是每个商业实体都能够轻易地与 DPO 发生联系并就业务事项形成有效合作。因此，如果一个集团公司在全球都有业务，那么很明显，仅在一个国家指定一个负责全球业务的 DPO 将不被监管机构视为已经履行了 GDPR 下指派 DPO 的义务，集团公司应该至少需要在数据处理行为最多的欧盟国家指定一名 DPO 负责欧盟的数据合规事务。

（2）DPO 的岗位要求

根据 GDPR 的要求，公司必须确保 DPO 能够以适当的并且具有时效性的方式深度参与所有涉及处理个人数据的公司业务。DPO 必须有足够的权限参与业务的流程设计和合规运作。同时，DPO 履行职责需要独立于公司主营业务部门，不能受到不合理的干涉，也不能因为提出合规要求而遭到处罚。DPO 的报告义务必须直接送达公司的最高决策层。

DPO 必须具有足够的经验和专业技术知识。虽然 GDPR 没有硬性规定担任 DPO 人员需要具备的执照要求，但担任这一职位的人必须能够：

①向公司和所有员工就数据保护义务提出警示并对其行为提出合规建议；

②能够确保公司的数据处理符合规定，包括进行内部调查、培训、审计等；

③与数据合规监管部门建立联系，并作为其与公司沟通的桥梁。

在欧盟的数据保护体系下，数据合规官需要满足一定的行业经验或专业技能要求。目前国际上有一些针对 DPO 的资格认证体系，比如 IAPP 体系下的 CIPM、CIPT 以及 CIPPE 认证，EXIN 体系下的 EXIN DPO 认证，还有 ISACA 体系下的 CDPSE 认证，等等。

6. 公司约束规则（BCRs）

公司约束规则（BCRs）也能够支持公司的数据合规框架。BCR 称为全球数据保护的“黄金标准”，它可以为公司搭建合规的隐私框架。GDPR 第 47 条明确将 BCRs 作为跨境数据传输的合规标准之一。通过让集团的所有实体遵守一套单一的有约束力的和可执行的规则，以确保个人数据在集团不同实体中具有同等高水平的保护，BCRs 允许个人数据在一个全球企业集团的不同实体之间自由流动。BCRs 之所以被称为黄金标准，是因为在使用它时，公司被要求向其主管数据合规监管机构展示其隐私合规框架。反过来，如果监管者批准了一个 BCRs 申请，它也将监控申请人的持续合规情况。

第十章

数据保护影响评估（DPIA）

GDPR 第 35 条规定，当数据处理活动可能对数据主体造成高风险时，必须要进行数据保护影响评估（data protection impact assessment，DPIA）。虽然 DPIA 在欧盟立法层面是一个新概念，但事实上早在 GDPR 生效前，各欧盟成员国的国内立法就已经引入并开始实施对 DPIA 的类似要求。按照法律要求进行 DPIA 可以帮助数据控制人和数据处理人证明其数据处理行为符合 GDPR 的有责性要求。因此，执行 DPIA 可以避免因数据不合规而受到法律惩罚，以及避免因不得不停止或改变项目的运营而产生潜在成本和相关声誉损害。

DPIA 是识别和管理数据保护风险的流程，这一流程需要数据控制人或数据处理人对数据处理活动进行结构化评估，以识别活动中固有的数据保护风险，并确定其是否符合法律规定，方便组织采取适当的步骤来减轻和管理已识别的风险。

GDPR 要求 DPIA 在实际数据处理业务开始之前进行，因此组织需要确保在考虑是否需要采取 DPIA 并实际完成 DPIA 之前，新项目不会启动。

DPIA 的施行需要组织的数据合规官（DPO）、IT 部门、安全部门、外部独立专家甚至工会的共同参与。

1. 需要进行 DPIA 的情况

（1）GDPR 第 35 条的规定

DPIA 进程的第一步是确定是否需要 DPIA。组织应该确保组织内的相关人员具备识别何时需要 DPIA 的能力，并知道如何发起 DPIA。对此，GDPR 第 35（1）条规定，如果一种数据处理，特别是使用新技术的数据处理，考虑到数据处理的性质、范围、背景和目的，可能对自然人的权利和自由造成高风险，数据控制人应在处理之前，就设想的数据处理操作对保护个人数据的影响进行评估。当然对于一些同质化的数据处理行为，可以仅通过一个 DPIA 来进行，比如地铁线路上所有地铁站都有监控录像设备，则只需要对这一类监控进行评估而不需要对每个车站都进行独立的评估。

GDPR 第 35（3）条特别规定了需要进行 DPIA 的情况，分别是：

①基于自动处理对与自然人有关的个人方面进行系统性和广泛性的评估，并在此基础上作出对自然人产生法律效力或重大影响的决定。这主要针对的是大数据分析，包括用户画像，以及为进行风险评估对用户进行的分析和评价；基于位置跟踪（例如通过移动应用程序）来决定是否发送推送通知；执行用户忠诚计

划；基于用户行为进行广告营销；通过可穿戴设备监测健康数据等。

②大规模处理 GDPR 第 9（1）条中提到的特殊类型敏感数据，或 GDPR 第 10 条中提到的与刑事犯罪有关的个人数据。对此 GDPR Recital 91 指出，大规模是指在处理区域、国家或超国家层面大量个人数据的大规模处理操作，可能影响大量数据主体，并可能因其敏感性而导致高风险，不过医生或者律师这种基于职业大量接触病人或客户的情况，并不算在该条下的大规模数据处理范围内，DPIA 在以上的情形中不具有强制性。

③对公众可进入的区域进行大规模的系统监控，尤其是使用光学设备时，如在火车站、飞机场安装监控摄像头。

（2）其他需要考虑进行 DPIA 的情况

需要注意的是，GDPR 第 35（3）条所列举的三种情况并不是必须进行 DPIA 的所有情况，WP29 的操作指引对需要进行 DPIA 的情况做了更加细致的标准认定。一般而言，如果数据处理可能会符合以下标准中的任意一个，则很可能需要进行强制性的 DPIA：

①创新使用或应用前沿技术解决方案。例如，结合使用指纹和人脸识别优化物理访问权控制，以及相关涉及“物联网”的应用。

②具有法律或类似重大影响的自动数据处理，如处理可能导致对个人排斥或歧视的情况。

③对用户的评估、分析和预测。例如，银行利用信用参考数

据库对其客户进行筛选，生物技术公司提供基因测试以评估和预测健康风险。

④已匹配或合并的数据集，如合并用于不同目的或来自不同组织的数据。

⑤处理有关弱势群体的数据，这类数据主体可能包括雇员、儿童、精神病患者、寻求政治庇护者、老人、病人，以及其他与组织相比明显处于弱势的人。

⑥防止数据主体行使一项权利或使用一项服务或合同的数据处理。例如，银行根据信用参考数据库对客户进行筛选，以决定是否向他们提供贷款。

除了以上这些之前操作指引中明确列出的情况，GDPR 第 35（4）和（5）条还授权各国的数据合规监管机构发布更加具体的操作指南，以明确在相关欧盟成员国内哪些数据处理行为必须进行 DPIA。因此，除了 GDPR 本身的规定外，各国监管机构发布的指引也是必须参考的重要标准。

当然，如果相关数据处理是数据控制人或数据处理人履行相关强制性法律义务所必需的，GDPR 第 35（10）条也允许这些主体在不进行 DPIA 的情况下进行数据处理。

2. DPIA 的具体运作方式

当数据控制人需要进行 DPIA 时，需要确保相关程序不会成为无意义的打钩表格。数据控制人需要使用一系列数据处理过程中的关键问题来确定实际需要 DPIA 的程度，以帮助确定项目的优先次序，并使有限的资源发挥最佳效果。

执行 DPIA 时将有许多必经的阶段，以下将依次对每个阶段需要着重注意的问题进行阐释。

（1）描述数据处理活动的性质和数据处理的目的

根据 GDPR 第 35（7）（a）条的要求，为了评估特定类型的数据处理或使用的技术措施是否符合数据保护法律的要求，首先需要了解数据处理活动将包括哪些具体内容。数据控制人应要求其有关项目团队详细描述数据处理过程，在这个过程中最好准备一些预先设计的问卷，通过问卷调查的方式逐一了解数据处理全生命周期中的全部细节。这些问题包括：

①项目的目的是什么？为什么需要对个人数据进行处理？

②个人数据将从什么渠道以什么方式进行收集？

③收集和处理的个人数据是什么类型？是否包括敏感数据？

④描述数据将如何处理？需要说明使用的技术、存储、算法、硬件设备等因素。

⑤数据处理的具体物理地点和数据存储地点在哪？

⑥具体进行数据处理操作的人员情况如何？

⑦是否将对数据进行匿名化或者假名化处理？

⑧如果所涉及的个人数据是之前已经被收集过的，那么新的

数据处理与之前已经进行过的数据处理有何不同？

⑨有关个人数据将分享给哪些第三方，这些第三方是否在欧盟以外？

⑩数据存储的期限有多长？过期数据将如何被删除？

针对以上问题，数据控制人在进行 DPIA 时需要进行详细的记录，并将其归档作为 DPIA 报告的一部分。

（2）评估数据处理活动与所需达到的商业或非商业目的的必要性和相称性

数据控制人在进行 DPIA 时还应考虑是否存在可替代的解决方案，既能满足其商业或非商业目标，又不会产生与原方案相同的数据保护风险。这将有助于评估数据处理的必要性和相称性。例如，处理敏感个人数据属于高风险的数据处理活动，但这一活动仅能帮助用户解决一个微不足道的小问题，同时又会严重影响其数据保护权利，则这种数据处理活动可能是不符合相称性的。此外，如有可行而风险较低的替代方案，比如用“密码+两步验证”的解决方案登录代替指纹解锁登录可以获得业务上同等的安全性，那么使用指纹解锁这种生物特征的数据处理方式就未必是必需的。

（3）评估数据保护风险

风险评估对于大部分商业主体而言都不陌生，在日常业务中，不论是公司还是自主经营者都需要对业务潜在的资金风险、法律风险、政策风险等进行评估。但由于数据保护风险评估更多是基于用户或者说是基于消费者的视角，因此传统商业风险评估的很多成熟的方法论可能并不一定适用于数据保护风险评估。

数据保护风险评估包括对 GDPR 合规性的审查，这种合规性是 DPIA 最主要的要求之一。除了 GDPR 的规定，组织还应考虑相关行业的合规行为准则中的相关规定。然而，数据保护风险评估不仅仅是法律合规审查，组织还应考虑到相关数据主体的个人合理预期以及处理业务对他们的实际影响。组织应该寻求从个人的角度来看待处理活动。下面将详细讨论咨询数据主体意见的相关问题。

与项目团队以及与设计和实现功能相关的其他人讨论风险也是风险评估中很重要的部分。讨论的对象包括项目管理团队、开发人员、技术团队、采购人员、协调处理人员、客服和销售团队、治理和合规团队、研究人员和高级管理人员。

具体的数据和隐私保护风险的因素包括滥用或过度使用个人数据、丢失或未经授权修改数据、失去匿名性、通过监控或跟踪侵入私人生活，以及数据处理缺乏透明度。在尝试确认和评估这些风险时，组织需要思考以下问题：

①是否使用了新的或未经测试的技术来处理个人数据？

②数据主体是否能够就相关数据处理活动行使其数据主体权利？

③个人数据会否被处理作新的用途？

④相关个人是否会对数据处理感到超出其合理预期？

⑤数据是否不准确或不完整？

⑥个人活动是否被监控或跟踪？

⑦相关处理活动对组织的其他数据处理活动有什么影响？

⑧数据集是否被更改或合并，从而赋予它们新的含义？

⑨使用数据的环境随时间变化后的影响是什么？

⑩数据量或数据保留时间是否增加了安全风险？

⑪是否对相关处理操作进行了有效的数据保护管理？

表 10-1 是一个数据风险评估表格的样板。

表 10-1　数据风险评估表格的样板

Issue	Fair Processing Notice—insufficient information available to data subjects.	Collection of health data—sensitive personal data carries high risks. (Continue with other issues and risks).
Description of risk andsource of risk	Describe the issue, e. g. stakeholder consultation revealed lack of understanding of proposed data processing; DPO compliance review of existing privacy notice indicates it does not contain sufficient information to cover proposed new processing activities.	Describe the issue, e. g. DPO compliance review: (a) concern in ensuring relevance and proportionality of data to project purposes; (b) need to satisfy specific processing condition under Article 9 GDPR; (c) ensuring transparency (see issue 1 above); (d) ensuring appropriate security measures to protect the data.

续表

Potential dataprotection impact	Describe the nature of the impactand associated compliance concerns, e. g. lack of transparency for data subjects on use of their data; associated breach of Article 13 GDPR.	Describe nature of theimpact and associated compliance concerns, e. g. unjustified use or other misuse of special categories of data; breach of Articles 5 (1) (c), 9, and 32 GDPR.
Likelihood of impact (Rate 0-3)	☐ N/A (0) (explain why) ☐ Low risk (1) ☐ Medium risk (2) ☐ High risk (3) (Tick one)	☐ N/A (0) (explain why) ☐ Low risk (1) ☐ Medium risk (2) ☐ High risk (3) (Tick one)
Severity of impact (Rate 0-3)	☐ No impact (0) (explain why) ☐ Low impact (1) ☐ Medium impact (2) ☐ High impact (3) (Tick one)	☐ No impact (0) (explain why) ☐ Low impact (1) ☐ Medium impact (2) ☐ High impact (3) (Tick one)
Overall risk rating (Rate 0-9)	Calculate the overall risk rating by multiplying the likelihood of impact by the severity of impact.	Calculate the overall risk rating by multiplying the ikelihood of impact by the severity of impact.
Recommendations	Describe proposed steps to address the risk, e. g. amend the fair processing notice; draft new, specific fair processing notices; improve presentation and availability of the notices.	Describe proposed steps to address the risk, e. g. limit the amount of health data collected; obtain data subject explicit consent; build in appropriate consent mechanism; keep health data separate from other data with enhanced security.

续表

Accepted/ rejected and further action	Specify if recommendations have been accepted or rejected by the project team and next steps (where applicable).	Specify if recommendations have been accepted or rejected by the project team and next steps (where applicable).

（4）评估降低数据保护风险的解决方案

识别数据保护风险后，应投入精力确定消除这些风险所能采取的方法。当然在一般情况下，考虑到组织需要达到的商业目标，完全规避数据保护风险既难以实现又是十分低效和浪费资源的。因此，组织的合规目标应当是将数据保护风险降低到一个可以接受的水平，同时权衡采用措施的成本。

记录商定的解决方案是DPIA过程的一个重要部分。对于此，组织可以在内部制作检查表、模板图、结构图和操作面板，作为沟通关键风险信息和任何可能的风险补救措施的有效方式。

组织还应商定一个如何将这些解决方案纳入项目的计划，其中最重要的是要与项目小组进行后续工作的持续沟通，确保商定的解决方案得到执行并取得预期的效果。将商定的风险应对措施记录在解决方案表中将是非常有用的，这可以用作整个项目实施过程中的检查表。

（5）征求数据主体或数据主体代表的意见

作为 DPIA 的一部分，组织有时需要就预期要进行的个人数据处理征求数据主体或其代表的意见。这样的意见征求可以让组织了解相关个人对个人隐私保护的关注点和对隐私保护的合理期待，从而对相关解决方案的有效性进行测试，以提高项目中个人数据使用情况的透明度。当然在 DPIA 中进行这种意见征求并不是一个必须履行的法定义务，因此，它可能并不总是需要的。例如，在征求意见不会影响风险评估结果时，或相关关键利益要求必须就项目情况进行保密时，就未必需要进行这种面向用户的征求。一个组织对任何特定问题的咨询程度应该与所涉及的风险成比例。WP 指导准则提出，如果组织认为不应征求数据主体的意见，应记录其不征求数据主体意见的理由。

（6）征求数据合规官（DPO）的意见

在执行 DPIA 的过程中征求 DPO 的意见是 GDPR 第 35（1）条中明确规定的要求。并且，DPO 在整个 DPIA 的执行过程中必须深度参与，并且需要确保他们在执行这项工作的过程中有一定的自主权和决定权，以便他们运用自己在数据合规领域的专业知识和经验为组织提供切实有效的建议和指导。根据 WP29 的相关指导意见，组织应向 DPO 征求意见，包括是否执行 DPIA，遵循什么方法，是否将其外包，应用什么保障措施来减轻风险，DPIA

是否已正确执行，以及其结论是否符合 GDPR。这些任务应该在 DPO 的合同中，以及提供给员工、管理层和其他利益相关者的信息中清楚地列出。

（7）征求数据合规监管机构的意见

GDPR 第 36 条规定，如果 DPIA 指出数据处理活动将导致较高的数据保护风险，而组织又没有采取措施来降低风险，则组织应当征求数据合规监管机构的意见。另外，尽管有组织采取了有关步骤来应对相关的数据保护风险，但高风险仍然存在。例如，当数据处理可能导致个人遇到他们无法避免的重大的法律后果时，也必须咨询数据合规监管机构。组织必须向数据合规监管机构提供关于处理活动的信息，包括数据控制人和数据处理人的责任划分，数据处理的目的和方式，GDPR 下保护个人权利的措施，数据合规官（DPO）的联系方式（若有的话），以及 DPIA 报告本身。数据合规监管机构必须向其认为活动不符合 GDPR 的组织提供建议，特别是在该组织的风险评估不充分的情况下。根据不同国家法律的不同，这些监管机构的建议一般会在 8 周内提出，但在复杂情况下可能需要延长。

3. 完整的 DPIA 评估报告的示例模板

Data Protection Impact Assessment (DPIA)

For

[Name of Initiative]

Version [No]

Document management

Document history:

Version number	Summary of change	Date

Reviewers:

Reviewer name	Role	Version reviewed	Date

(1) Executive summary

High level description of Initiative: [*Summarise from* paragraph 3 *of the DPIA.*]
Summary: scope of processing: [*Summarise from* paragraph 5 *of the DPIA.*]
Summary: purposes for which processing will occur: [*Summarise from* paragraph 8 *of the DPIA.*]
Summary: intended benefits for data subjects, third parties and the organisation: [*Summarise from* paragraph 8 *of the DPIA.*]
Summary: rationale as to why a DPIA is required: [*Summarise from* paragraph 3 *of the DPIA.*]

(2) Administrative information

Stakeholders and contact details
Name of Initiative: [*Initiative/Initiative name*]
Name and role of organisation completing the DPIA: [*Organisation name Controller/Processor*]
Functional area responsible for the Initiative: [*For example, Technology, HR, Finance, Alliances, Procurement.*]
Senior executive responsible for the Initiative: Name: E-mail address: Mobile phone/direct dial:

续表

Initiative project manager： Name： E-mail Address： Mobile Phone/Direct Dial：
Data Privacy Office contact： Name： E-mail address： Mobile phone/direct dial：
Data Protection Officer： Name： E-mail address： Mobile phone/direct dial：
Other stakeholders： Name： E-mail address： Mobile phone/direct dial：
Other stakeholders： Name： E-mail address： Mobile phone/direct dial：
Third parties involved/associated with the Initiative [These are as listed in Section 10] / [None]

续表

Relevant documents
[*Identify relevant documents and consider including copies as an Annex.*] [*Initiative/Initiative business case*] [*Design documents*] [*Previous DPIAs*] [*DPIAs covering related processing operations*] [*Documents to refer to*: *Privacy policy*, *Relevant legislation*, *DPA Guidance*, *WP29 DPIA Guidance*, *European Data Protection Board Guidelines*, *Codes of Conduct*, *Other policies*: [*for example*, *Information security*, *Data retention*, *HR*, *Marketing*, *Finance*, *appropriate policy document for special categories of personal data and criminal convictions*] .]

（3）Overview

How to read the DPIA： [*Living document*]
High level description of the Initiative： [*In this section include a high level description of the Initiative*, *so that it is easy to then explain the scope of the DPIA in the context of the overall initiative.*]
Relationship between the DPIA and the Initiative： [*Explain the scope of the DPIA in the context of the overall initiative.*]
Context： [*Consider*： *Pilot* *Phase* *Initiative vs Programme* *Related processing activities*]

续表

Key parameters (for example, boundaries of DPIA). What is in scope and excluded from scope?: [*It may be useful to describe the boundary lines of the DPIA and what is covered by the assessment. Note that this may be different to the boundary of the Initiative.*]
Rationale as to why a DPIA is required: [*Processing is high risk*, [*explain why*].]
Multiple sets of data processing operations: [*If the DPIA covers multiple sets of data processing operations provide further explanation here.*]

(4) Consultation

Advice of DPO: [*Advice obtained from the DPO* (*Ref* ANNEX B)] [*Article* 35 (2)]
Input of specific business functions: [*Record the advice/input of specific business functions that are stakeholders/have an interest in the Initiative.*] [*Article* 35 (9)]
Input of data subjects and/or their representatives: [*- Explain how the views were sought. For example, obtained through studies, questionnaires, discussion with data subject representatives (customers, patients, staff, Works Council).* *-Final decision-if different from Data subject's views to include rationale for proceeding* *- Justification for not seeking input from Data subjects for example, compromises confidentiality of business plans, disproportionate, impractical.*] [*Article* 35 (9)]

续表

Input of experts and other interested stakeholders: [*Record the advice/input of independent experts of different professions (such as lawyers, IT experts, security experts, sociologists, ethics experts) as well as other stakeholders who have an interest in the Initiative.*]
Consultation with the Information Commissioner: [*If consultation required, summarise output and decisions made. Include any advice of DPA as an annex to the DPIA.*]

(5) Scope

Description: [*High level description of Initiative including technical capabilities/functionality* *Assets/technology involved with processing the personal data*: *a. Hardware* *b. Software* *c. Networks* *d. People* *e. Paper* *f. Paper Transmission Channel (s)* *g. Mobile Devices* *h. Cookies* *i. Other such as cloud, data warehouses etc.*]
Business context: [*It is often useful to explain the background/business context to the Initiative. This will also help when discussing the objectives and benefits of the processing.*]
Types of data subject: [*For example, children, student, patient, consumer, customer.*]

续表

Initiative's objectives and scope: [*To be confirmed-this section may be merged with Business context above.*] Boundaries-in scope and out of scope: [*In this section you are considering the boundaries of the Initiative, not the boundaries of the DPIA.*]

(6) Description of processing

Data flow map (s): [*See* ANNEX A. *Data entry and exit points, location, user categories, data subject categories*]
Description of the proposed processing operations: [*To be confirmed-this section may be merged with Description in the Scope section, Section* 5 *above*] [*Article* 35 (7) (*a*)]
Types of personal data: [*Identification of categories/types of personal data collected*]
Types of data subject: [*Identification of categories/types of data subject.*]
Sources of the personal data: [*-Feeds from systems (internal/external)* *-Purchased lists* *-Collected directly from data subjects*]
Length and frequency of processing:
Processing volumes: [*Volumes-Data subjects and records* *Volumes of certain types of data subject (such as children; vulnerable individuals)* *Volumes-users and type* *Type of users-internal, external (such as affiliates, vendors and alliance partners)*]

续表

Data minimisation: [*Identify considerations given to data minimisation (such as certain types of data subject not included in scope, types of data/fields collected minimised, data flows minimised, de-identification techniques used)* .]

(7) Basis of processing

Lawful processing
Necessity and proportionality assessment (assessment of the necessity and proportionality of the processing operations in relation to the Purpose (s)): [*Purpose limitation*: • *Specified, explicit and legitimate purposes (s)* *Lawfulness of processing* • *Grounds* [*Consent, Legitimate interests, Other*] 1*Balancing test - assess whether legitimate interests are overridden by the interests or fundamental rights and freedoms of the data subjects* 2*Adequate, relevant and limited to what is necessary* (*Article* 5 (1) (*c*)) 3*Limited storage duration* (*Article* 5 (1) (*e*)) • *Measures contributing to the rights of the data subjects*] [*Articles 5 (1) (b), 5 (1) (c), 5 (1) (e), 6, 12, 13, 14, 15, 16, 17, 18, 19, 20, 21, 28, 35 (7) (b), 38, Chapter V*]
Rights and freedoms assessment (assessment of the risks to the rights and freedoms of the data subjects): [*Reference Section* [8-*Risks*]] [*Article* 35 (7) (*c*) *and* (*d*), *Recital* 90]
Fair processing
Fair processing: [*Fair processing requirements*: 1 *Information provided to the data subject* (*privacy notice*) 2 *Use of cookies*]

(8) Purpose (s) of processing; benefits and risks

Purpose (s) of processing
[*Automated processing (including profiling)* *Evaluation or scoring (including profiling or predicting)* *Automated decision making with legal (or similar) effect* *Large scale processing of data* *Sensitive data or data of a highly personal nature* *Systemic monitoring of publicly accessible area* *Creation or use of personal profiles* *Matching/combining datasets* *Vulnerable data subjects* *Innovative use or applying new technologies or innovative solutions* *Processing in itself " prevents data subjects from exercising a right or using a service or a contract* *Other [marketing, analytics]*]
Benefits
[*Individual (s) [Data subjects, users]* *Group of individuals* *Organisation (s) [controller, third parties]* *Society*]
Risks
[*Types of risk* *Possible threats/sources of risk (Recital 90)* *Likelihood of risk occurring [e.g. remote, possible or probable]* *Impact if risk occurs/type of damage/severity of harm [e.g. minimal, significant or severe]* *Risk mitigation options [and effect on risk (e.g. eliminates risk, reduces risk to an acceptable level or minimal effect)*]

（9）Countries

Country summary： [*Provide an overview of all the countries that the personal data touches*]
Location of data subjects：
Location of users： [*Consider*： *Employees* *Contractors* *Third Parties*]
Hosting location：
Support and maintenance： [*Consider application support and maintenance but also customer support*]
Country specific documents： [*See Annex e. g. Local language privacy notices*]
International data transfer arrangements：
Name and role of parties receiving the personal data：
Grounds for transfer： [*Binding Corporate Rules* *EU Standard contractual clauses* *Other*]

（10）Disclosure to third parties

Recipients： *Name*： *Address*： *Role*： *Data to be disclosed*

续表

Role of the recipient *Reasons for disclosure* *Agreements* *Need for separate DPIAs* *Monitoring arrangements/contract management*
Name: *Address*: *Role*: *Data to be disclosed* *Role of the recipient* *Reasons for disclosure* *Agreements* *Need for separate DPIAs* *Monitoring arrangements/contract management*

(11) Security of processing

Practical safeguards: [*Examples*: *Identity and access management arrangements* *Examples*: *Training, communication and awareness* *Examples*: *Due diligence arrangements re*: *third parties* *Examples*: *Contract management and monitoring arrangements with third parties*] Security measures: [*Examples*: *Encryption* *Examples*: *Arrangements re*: *data security breach notification*] Mechanisms to protect personal data: [*Examples*: *De-identification of data* *Examples*: *Arrangements re destruction of data* *Examples*: *Data back up/disaster recovery arrangements*] Mechanisms to demonstrate compliance with legislation: [*Examples*: *Maintenance of records such as re*: *consents, privacy notices, data flow maps, approvals.*]

(12) Data quality

Assessment of quality: [*Checking that data sets are comprehensive, complete, without bias, accurate. Balancing with the need for data minimisation.*]
Review arrangements: [*Arrangements to review the data sets and to keep information up to date and accurate.*]

(13) Arrangements to address individual rights

Right to be informed:
Right of access:
Right to rectification:
Right to erasure/right to be forgotten:
Right to object and restrict processing:
Right to data portability:
Rights in relation to international transfer (s):
Rights in relation to prior consultation:
Rights in relation to automated decision-making and profiling:

(14) Retention and disposal

Retention periods: [*Identify how long the different types of data will be stored for.*]
Archiving:
Back-up:
Business continuity:

续表

System decommissioning： [*Identify any systems which need decommissioning. Consider associated issues such as data migration and secure data deletion.*]

（15） Special arrangements for vulnerable individuals

Category of vulnerable individuals： [*Look for instances of imbalance of power between the controller and data subject and identify types of individuals involved where this exists.*]
Special arrangements required： [*What arrangements, if any, are required? Examples might be special arrangements for consent, or adjustments to privacy notices.*]

（16） Actions

Action required	Owner	Date identified	Date to be completed

（17） Decision

Decision： [*Proceed with Initiative/Not proceed with Initiative/Seek approval from Information Commissioner/Other*] *Rationale*： *DPO advice accepted or overruled (and if overruled, reasons for this)*：
Authorised person：

ANNEX A Relevant documents

ANNEX B DPO advice

ANNEX C Data flow maps

ANNEX D Privacy notice

ANNEX E Country-specific documents

ANNEX F Other

第十一章

跨境数据传输

1. 立法背景

GDPR 的立法目的是希望能够在欧盟建立一个统一的数据保护标准，从而让个人数据在各个成员国之间以合规的形式自由流动。但由于欧盟以外国家的数据保护立法程度不一，因此在将个人数据向欧盟以外国家进行转移时需要有额外的数据保护方式。

鉴于 GDPR 对隐私的保护水平很高，在这方面没有同样严格的立法措施的国家将很难满足数据转移的适当要求。因此，GDPR 的这一要素被视为国际贸易的严重障碍。对于一些大型跨国组织来说，这一问题意味着不管数据处理活动实际发生在哪里，在其业务中都必须采用欧盟数据保护的标准。

2. 跨境数据传输的范围

GDPR 没有对数据转移的概念进行界定。转移并不等同于单纯的物理过境，完成“转移”指的是完成在第三国的数据处理过程。因此，除非在第三国对个人数据进行了实质性的处理操作，否则在从欧盟经济区国家出发的途中，个人数据仅仅经过第三国这一事实并不会使这种转移处在 GDPR 的限制范围内。

在实践中，有三种常见的情况曾引起关注，但也并非属于 GDPR 关于跨境数据传输的监管范围：

①交换机技术的技术路由，如互联网电子邮件和网页，可能涉及在世界各地的计算机服务器之间随机传输个人数据，不构成 GDPR 下的向第三国转移数据。

②旅客个人数据的电子化接入，是指旅客在物理上短暂停留在一个没有提供足够保护水平的地方，不构成 GDPR 下的向第三国转移数据。（例如，一个人登录设在欧盟的计算机系统，从外国机场访问数据。）

③欧盟成员国的个人将个人信息上传到托管在该国或另一成员国的网站上，连接到互联网后以便他人访问这些信息，并不构成向第三国转移数据。

3. 足够的数据保护水平

GDPR 第 45（1）条规定，当欧盟委员会（EU Commission）认定个人数据传输的目标国家、地区或国际组织具有足够的数据保护水平时，可以向这些国家、地区或国际组织传输个人数据。可见，若个人数据传输的目的地的数据保护水平被认定为是足够的，那么 GDPR 对这种类型的数据传输并没有提出额外的要求。

在评估一个国家、地区或国际组织的数据保护水平时，欧盟委员会必须考虑以下因素：

①立法标准、人权保护水平、公共安全状态、国家安全状态、相关行业准则，以及公权力机关对个人数据的使用和保护

态度；

②该国家、地区或国际组织是否有一个独立的数据合规监管机构或数据保护国际组织的下级机构来监管或确保数据的合规性；

③该国家、地区或国际组织是否签订过关于个人数据保护相关的国际条约。

当欧盟委员会经过评估认定个人数据传输的目的地满足足够水平的数据保护条件时，将会在相关指导性白名单文件中标明这些目的地已具有足够的数据保护水平。一般而言，这些国家、地区和国际组织将会每四年接受一次欧盟委员会的重新评估审核，欧盟委员会还会对这些地区的数据保护状况持续关注，并在必要时将某些地区移出数据保护认证的白名单。目前，仅有少数国家和地区符合足够数据保护水平的标准，如安道尔、阿根廷、加拿大、法罗群岛、根西岛、马恩岛、以色列、泽西岛、新西兰、瑞士和乌拉圭。

4. 针对美国的情况

（1）之前的安全港机制

考虑到欧盟和美国之间进行的大量数据传输，美国商务部和欧盟委员会最初开发了安全港机制。作为一个自我监管框架，该机制使得组织在跨大西洋数据传输方面满足欧盟数据保护法律的要求。2000 年 7 月 26 日，欧盟委员会发布了一项决定，声明安全港隐私原则为从欧盟转出的个人数据提供了充分的保护。

然而，自该机制生效以来，安全港框架一直饱受质疑。其自我认证的机制让这一规定在实施层面上变得可有可无，参与者没有进行必要的年度合规检查，而且与其他美国国内案件相比，美国联邦贸易委员会（FTC）缺乏对违反安全港机制的积极执法。这些因素导致一些欧盟数据监管机构在 GDPR 出台前一直在质疑安全港框架作为一个充分性机制的有效性。

（2）斯诺登事件的影响

2013 年爆出的斯诺登事件揭露了美国国家安全局对个人数据的大规模非法监控行为，这一事件让使用安全港机制规范向美国进行数据传输的有效性受到了极大质疑。虽然基于美欧关系的考量欧盟委员会并没有立即取消安全港机制，但欧盟委员会确实针对此事与美国当局展开了协商。同时，欧洲法院在 2015 年判决认定安全港机制无效。不可否认，斯诺登事件给欧美双方在个人数据方面的信任关系打上了大大的问号。

（3）隐私之盾（privacy shield，美欧数据条约）机制

经过欧盟委员会几年来与美国当局的协商谈判，2016 年，欧盟与美国重新达成了隐私之盾数据保护机制。在这一机制下，美

国在数据保护方面给予了欧盟非常大的让步，但实际上该机制仍缺少一些欧盟数据保护的关键性规则。并且，虽然该规则适用于大部分商业主体，但却将部分美国银行、金融服务机构、电信提供商排除在该机制的适用范围以外。隐私之盾机制依然是一种自我认证机制，要求符合该机制原则的公司采取以下步骤来证明它们可以实现个人数据的有效保护，这些步骤包括：

①进行内部合规性评估，以确定公司是否有能力遵守与认证信息相关的原则。如果在遵守能力方面存在任何差距，公司应采用内部控制、政策和程序来实现遵守。

②向第三方仲裁机构注册并支付注册费用，在该公司无法完全解决其数据保护问题时由仲裁机构处理来自欧盟个人的任何数据保护投诉。

③采用隐私之盾通知，其中包含关于公司隐私处理的 13 个方面的详细细节，并在网站上发布公告。

由于隐私之盾机制依然未能全面解决美国国家机构对个人数据的监控问题，该机制的合法性在个案中饱受欧盟法院的质疑。比如在 Data Protection Commission v. Facebook Ireland，Schrems 案（Case C-311/18，Schrems II）中，欧盟法院判决认定，欧盟委员会对于隐私之盾具有足够的数据保护水平的认证无效。欧盟法院发现，首先，欧盟委员会在其隐私保护决定中评估的美国监控项目不符合欧盟法律要求的严格的必要和适应性的要求，因此不符合《欧盟基本权利宪章》第 52 条的要求；其次，欧盟法院认为，对于美国的监控，欧盟数据主体缺乏可诉讼的司法救济途径。考虑到欧盟法院关于美国政府获取私人数据性质的态度，这一决定也给从欧洲到美国的其他个人数据转移的合规处理加上了不确定性的阴影。尽管该判决支持标准合同条款（SCC）的有效性，但它要求企业和监管机构对所有类似数据传输进行个案分析，以确定有关外国政府获取转移数据保护是否符合欧盟标准。在这一判决下，可以基本确定隐私之盾机制已经在实践层面上破产。

5. 提供充分的数据保护

鉴于欧盟委员会认证的具有足够数据保护水平的国家和地区的数量依然非常少，数据控制人和数据处理人若需要跨境进行个人数据传输，需要部署一种为个人数据提供适当保护的机制。GDPR 通过列举几种可能适用的机制来为数据传输提供充分的保护，即：

①公权力机关之间具有法律约束力的可执行文书；

②根据 GDPR 第 47 条在集团公司内部使用的有约束力的公司规则（BCR）；

③在合同中使用由欧盟委员会制定的标准数据保障条款，或使用由监管机关制定并经欧盟委员会通过的标准数据保障条款（SCC）；

④根据 GDPR 第 40 条批准的行为准则，以及第三国数据控制人或数据处理人应用适当保障措施的具有约束力和可执行性的承

诺，包括关于数据主体权利的承诺；

⑤根据 GDPR 第 42 条批准的认证机制，以及第三国数据控制人或数据处理人应用适当保障措施的具有约束力和可执行性的承诺，包括关于数据主体权利的承诺；

⑥数据控制人或数据处理人与第三国或国际组织的数据控制人、数据处理人或个人数据接收者之间的合同条款，这些条款是基于公权力机关之间的行政安排，并由主管数据保护监督机构专门为此目的而批准。

（1）通过合同条款路径提供充分的数据保护

为使被认为不能提供充分保护的国家的国际数据转移合法化，最常用的机制是所谓的标准合同条款或示范条款。2001 年，欧盟委员会分别作出两项决议，认定使用标准合同条款的情况下，数据控制人向欧洲经济区外的国家的数据控制人或数据处理人转移个人数据将不被认为是违反数据保护义务。标准合同条款是一种经欧盟委员会预先批准、同时适用于数据控制人和数据处理人以确保数据保护义务实现的合同文本。

标准合同条款目前有三个版本，分别为《2001 版数据控制人对数据控制人条款》《2004 版备用数据控制人对数据控制人条款》《2010 版数据控制人对数据处理人条款》。

商业主体在使用标准合同条款时，除了条款中留空要求使用人填入信息或要求使用人根据双方的数据处理角色对适用部分进行选择的情况外，条款使用人是不能对条款内容作任何修改的。一般而言，使用这些条款最好的方式是将双方主合同的数据保护部分单独拆分出来作为合同附件，并对该部分直接适用全套的数据保护标准合同条款。

除了欧盟委员会直接批准的标准合同条款，在欧盟委员会的批准下，各成员国的监管机构也可以自行制作或采用一些特定条款作为标准合同条款，因此在具体适用时可以参考各成员国是否有更加符合当前商业需求的数据保护标准合同条款可供选择。

(2) 通过行为准则和认证机制提供充分的数据保护

GDPR在跨境个人数据传输领域的一个新特点是明确增加了行为守则和认证机制作为提供充分数据保护的方式。这两种机制能否在未来长期有效运行还有待观察。

欧洲数据保护委员会（EDPB）在这方面以《行为准则和监督机构指南》的形式发布了指南，旨在帮助明确在欧盟成员国国内和欧盟层面提交、批准和公布准则所涉及的程序和规则。同样，欧洲数据保护委员会根据GDPR第43条发布了认证机构的认证指南。

6. 跨国公司集团内部的个人数据传输机制——公司约束规则（BCRs）

GDPR在跨境个人数据传输领域最重要的创新是纳入了公司

约束规则（BCRs），作为数据控制人和数据处理人在其企业集团内合法化此类传输的一种机制。

（1）公司约束规则（BCRs）的具体概念

对于在全球范围内运作的依赖个人数据处理的组织来说，使用合同安排实现集团内的跨国数据合规转移的成本是相对比较高的。对于许多跨国公司来说，使用个人数据意味着数据需要跨越国界并在不同司法管辖区共享数据。因此，一种灵活的、量身定制的解决方案可能是唯一从成本上可行的选择，这样各个子公司之间就无须以签订无数带有标准条款的合同这种低效的方式传输个人数据。本质上，BCRs 是一套基于欧洲隐私标准的全球规则，跨国公司自愿制定并遵循这些标准，同时各国监管机构根据本国法律批准这些标准。

（2）BCRs 的要求

根据 GDPR 的规定，数据监管机构必须批准一组遵循所谓的一致性机制的约束规则，这些规则需要具有法律约束力并明确授予数据主体可执行的权利。一套完整有效的 BCRs 必须具体包括以下元素：

①集团公司及其旗下的每个子公司的结构关系和各自的联系方式；

②数据传输的基本情况，包括个人数据的类别、处理的类型

及其目的、数据主体的类型，以及第三国或相关国家的情况；

③无论是对内还是对外，规则都是具有法律约束力的解释说明；

④一般数据保护原则的应用情况，特别是关于目的限制、数据最小化、有限存储期、数据质量、设计和默认情况下的数据保护、数据处理的法律基础、处理特殊类别的个人数据、确保数据安全的措施，以及有关向不受 BCRs 约束的机构转移数据的后续要求；

⑤数据主体在处理方面的权利和行使这些权利的手段，包括不受基于自动处理的决定的权利，向主管监管机构和在主管法院提出投诉并获得补救的权利，以及在适当的情况下对违反 BCRs 的赔偿；

⑥建立在欧盟成员国领土上的数据控制人或数据处理人同意承担任何未建立在欧盟的有关企业成员违反 BCRs 的责任；

⑦向数据主体提供关于 BCRs 信息的方式；

⑧数据合规官（DPO）或任何其他负责监控 BCRs 实施情况的个人或实体的具体职责和责任；

⑨数据主体的申诉程序；

⑩确保企业行为完全符合 BCRs 要求的合规机制；

⑪报告和记录 BCRs 规则变化并向监管部门报告变化的机制；

⑫为确保合规与监管部门建立合作机制；

⑬向主管监管机构报告集团公司成员在第三国可能对 BCRs

提供的保护产生重大不利影响的任何法律要求的机制；

⑭向需要长期或定期使用个人数据的人员提供适当的数据保护培训的情况和计划。

这些要求在两套 BCRs 批准标准中得到了欧洲数据保护主管部门的进一步说明（WP256 用于数据控制人 BCRs 和 WP257 用于数据处理人 BCRs），这些标准将被负责审查 BCRs 申请的监管机构用作严格的检查清单，因此，对于任何寻求获得 BCRs 批准的申请人来说，这些具体标准都是非常有用的参考资料。

7. 提供充分数据保护的例外情况

即便数据传输的目的地是一个缺乏足够数据保护水平的地区，而且相关数据控制人或数据处理人也没有提供上述适当保障措施，如果在 GDPR 所涵盖的特殊情况的范围内，仍然可以合法地进行跨境数据转移。以下是可以发生跨境数据转移的情况：

(1) 基于数据主体的同意

数据跨境转移可以在数据主体明确同意的情况下合法进行。与之前介绍的同意的属性一样，同意仍然必须是具体的和令数据主体知情的。这意味着，由于跨境传输可能缺乏适当的保障措施，必须告知相关个人这种转移的可能风险。至关重要的是，GDPR 还要求这种同意必须是“明确的”，这表明需要向数据主体明示将数据转移到海外涉及的数据保护高风险。另外，根据GDPR 第 49（3）条的规定，公权力机关不能依据数据主体的同意作出这种高风险的数据转移行为。

（2）为了履行合同

GDPR 允许特定类型的合同在已签署或正在考虑进行签署的情况下进行数据传输。就数据传输人与数据主体之间的合同而言，如果跨境数据转移是履行合同所必需的，或者跨境数据转移是数据控制人应数据主体要求采取的订约前措施的必要部分，则可以在没有前述数据保障措施的情况下进行数据转移。

如果数据控制人与除数据主体以外的其他人签订合同，合同是根据数据主体的要求或为了他们的利益而签订的，而且跨境数据转移是履行或签订合同所必需的，那么数据控制人进行跨境数据转移也是合法的。

这一例外所涵盖的合同类型不限于供货或服务合同，并可适用于雇佣合同。然而，数据转移是否为履行合同所必需，将取决于合同提供的货物或服务的性质，而不是数据控制人经营的组织方式。换句话说，如果数据转移的唯一原因是数据控制人因业务考量自主选择了一种向海外转移数据的方式来组织其业务，那么转移则是不必要的。例如，如果客户通过位于欧盟的旅行社预订国外度假酒店，旅行社必须将预订详细信息转给外国酒店，以履行与客户的合同。然而，如果纯粹为了省钱或降低成本，旅行社决定将客户的数据库放在欧洲经济区以外的计算机上，就不能说将个人数据转移到位于海外的计算机上对履行与客户的合同是必要的。

（3）为了实现重大公共利益

为了实现重大公共利益，可以进行跨境数据转移。最可能适用于这一例外的情况，包括由于预防和侦查犯罪、国家安全和税收等原因而必须转移数据的情况。

（4）为了进行法律诉讼

为了实现法律诉讼或进行辩护而进行跨境数据转移是合法的。

（5）为了重大切身利益

如有需要，可合法地向境外输出个人数据，以保障数据主体或其他人士的切身利益。在实践中，这一般是指涉及生命安全的问题，如在国外生重病或发生严重事故的个人的医疗记录的转移。

（6）为了进行公共信用登记

跨境转移个人数据，亦可使用公开登记册内的资料，但须遵守任何有关查阅或使用登记册内资料的限制。例如，转让董事、股东或专业从业人员的公开登记册的摘录可能被允许，但不允许转让完整的登记册。此外，如果负责编订登记册的团体或组织施加了使用条件，数据接收人必须遵守这些条件。

（7）非重复的数据转移

作为最后手段，如果跨境数据转移不是重复发生的，只涉及有限数量的数据主体，并且数据转移是数据控制人追求的合法利益目的所必需的，则可以发生跨境转移，前提是该数据控制人已经评估了有关数据转移的所有情况，并在评估的基础上提供了有关保护个人数据的适当保障措施。在这种情况下，数据控制人必须通知监管部门和数据主体。数据控制人也必须充分告知数据主体进行这种数据传输的合法理由。

第十二章

雇佣关系中的数据处理

1. 雇员的个人数据

雇主收集和使用雇员的个人数据，包括未来雇员、现在雇员和过去雇员的个人数据，以作不同的用途，包括招聘、福利、薪金、人事档案、疾病记录、监察和评估、人事报告和遣散费等方面的用途。雇主可能需要收集雇员的资料，以履行劳动法的义务，以及保护雇员的切身利益。雇主应确保雇员数据的处理符合 GDPR 所有方面的规定，包括给予雇员查阅其个人数据的权利。

在处理雇员的个人数据时，雇主应考虑成员国劳动法中是否有适用于该情况的任何特定义务。例如，成员国国内法可能要求雇主咨询各种国家工作委员会。在员工权利法律保障力度强的司法管辖区，以及数据收集严重影响员工个人隐私的情况下，咨询相关委员会可能是必需的。

由于欧盟各地关于就业的法律差异很大，数据保护和劳动法的混合可能会使雇员关系中的隐私数据合规变得异常复杂。此外，某些欧盟国家，如芬兰，有专门处理员工数据的法律，或者像德国，可能有专门的关于监控工作场所的隐私法。鉴于此，GDPR 第 88 条也承认，成员国可能会就处理员工个人数据提供更具体的规则。如果一个成员国实施了这种类型的国内法，需要通知欧盟委员会。

2. 雇主处理雇员个人数据的合法理由

雇主处理雇员个人数据的合法依据与数据控制人处理数据主体个人数据的法律依据相比基本上差异不大，以下将分别简要介绍合法的个人数据处理依据。

（1）基于雇员的同意

虽然获得员工的同意似乎是处理员工个人数据的一个简单的解决方案，但在实践中最好避免过于依赖同意，因为根据欧盟数据保护法的要求，真正有效的同意出了名地难以实现，要想生效，同意必须是自愿给出的、具体的、知情的、明确的。而在现实中，这些条件的同时满足往往需要极高的文件存档标准以达到证明合规的目的。

另外，根据数据合规监管机构的规定，对同意的依赖应只限于雇员有真正的自由选择，并能够在不造成任何损害的情况下撤回同意的情况。反之，当同意不是自由的时，它的作出也是无效的。监管机构的关注点是，由于雇主与雇员之间的力量不平衡，雇员很可能没有真正的选择自由。GDPR Recital 43 特别指出，在数据主体与数据控制人之间有明显不平衡的情况下，同意不应被视为处理个人数据的有效法律依据。雇员可能会在同意使用他们的数据时感受到来自雇主的压力，因为他们担心拒绝会对他们的就业造成不利影响。因此，除非随后撤回同意不会对处理活动的合法性造成问题，或不会不利于雇员的就业，否则不建议雇主完全依赖同意作为数据处理依据。

此外，即使雇员已同意雇主对其的数据处理，处理雇员数据在欧盟成员国国内法下可能被认为是不合法或不公平的。例如，雇员可能已同意收集特定的个人数据，但当地法律规定不能就此类处理给予同意。或者，雇员的同意可能涉及与雇主追求的目的不相称或过分的数据收集。换句话说，即使获得同意，雇主仍然必须遵守数据保护法的所有其他方面规定以确保合规。

最后，同意应该是雇主在绝对必要时才会采取的最后手段。在某些欧盟国家，征得同意可能意味着雇主必须获得雇员的书面同意，从而导致冗长的通知，以及非常详细的向雇员说明雇主试图如何使用雇员的个人数据的说明。

（2）数据处理是履行劳动合同所必需的

雇主必须处理雇员的个人数据以履行雇佣合同，可以作为数据处理的合法理由。例如，为了支付雇员的工资，雇主必须处理雇员的姓名和银行账户等信息。或者，通过使用雇主的 OA（办公自动化）系统，雇员的某些信息会被雇主获得并进行处理。

（3）数据处理是履行法定义务所必需的

特定法律可能会对雇主规定特定义务，因此雇主为了履行这些法定义务有时必须处理员工数据。但 GDPR 明确规定，这种情况必须是基于欧盟或成员国的法律，如向当地税务机关提供员工工资的详细信息等履行法定义务的情况。

（4）基于合法利益

在许多情况下，雇主可以依据合法利益的理由来处理员工的个人数据。例如，当雇主对系统进行结构性更改时，可能需要将员工数据从旧的系统迁移到新系统，符合基于合法利益这一法律要求进行数据处理。

3. 雇主处理雇员个人敏感数据的特殊要求

在收集和处理有关雇员的敏感个人数据，包括种族或族裔出身、政治意见、宗教或哲学信仰、工会成员情况、基因数据、生物特征数据或有关健康或性生活的数据（所有这些数据都可以从广义上进行解释）时，雇主必须确保其数据处理行为符合 GDPR 第 9 条规定的可以处理敏感数据的例外情况之一。

第一个很容易被想到的数据处理例外情况是依赖于数据主体的明确同意，但同样，这个选择应该是雇主的最后手段，而非第一选择。在雇主与雇员的关系中，获得雇员的有效同意的标准是很高的，很多情况下即便形式上满足了同意的要求，也会因实际情况的不同对该同意的有效性产生影响。此外，在一些成员国，即使雇主获得了雇员的同意，雇主也不能仅依据同意作为合法理由处理敏感个人数据。

GDPR 第 9（2）条承认处理敏感个人数据对于数据控制人在欧盟或成员国劳动法、社会保障法和社会保护法下履行义务和行使特定权利是必要的。在许多司法管辖区，雇主对雇员敏感数据的处理程度取决于所在国的就业或劳工法。例如，波兰的劳动法规定了雇主有权向雇员或求职者索取的数据类别。或者，各成员国当地数据合规监管机构可以发布与处理员工数据相关的特殊授权。例如，意大利数据监管机构发布了一系列授权法案，规定了在未经员工同意的情况下雇主处理雇员敏感数据的具体情况和要求。

雇主也可能需要处理雇员个人的敏感数据，用以行使法律辩论权或辩护权。例如，在劳动争议中使用部分雇员个人敏感数据。雇主必须仔细检查当地法律，包括任何适用的相关雇佣规则。

4. 雇主的通知义务

无论处理雇员个人数据的合法理由是什么，雇主仍有必要向员工提供适当的通知，告知其数据的使用方式、目的、查询时应联系谁，以及与数据相关的权利是什么。雇主可以选择通过员工手册或提供给所有新员工的特定通知文件来做到这一点，这些通知文件应当可以在其他需要的地方获得，如公司内网。这些通知必须保持更新，特别是当添加任何数据处理的新用途时，应该通知员工。特别注意的是，根据 GDPR，该通知必须提供足够详细的细节信息，以便雇员了解数据处理的目的、法律依据、合法权益、何时依据该等理由、数据的接收人、数据会转移到何处以及雇主会保留数据多久等。

5. 雇员个人数据的保存

从个人申请职位的那一刻起，雇主就开始收集员工的个人信息。与员工相关的记录涵盖了广泛的活动，从招聘流程、病假、医疗保险、工资评估、绩效评估到最终解雇。这些记录所包含的个人数据不应保留超过数据保护规则所规定的时间。一般来说，当一个人是企业的现任雇员时，雇主有合法的理由保留该雇员的数据。然而，一旦员工离职，这些原因就会消失，则雇主不应当继续保留这些个人数据。

当然，某些欧盟成员国法律会要求雇主保留前雇员的个人数据一段时间，因此即便雇员离职，雇主在某些情况下也有权保留个人数据。然而，一旦与某人的雇佣关系结束，雇主通常应该更改对其记录的内部访问权限。由于访问前雇员的记录不太可能作为人力资源部门的日常工作需求，所以在这种情况下，必须保留的前雇员的数据应该安全地存档并限定能够访问的权限。

6. 工作场所监控

员工的隐私权并不因在工作场所进行工作而消失，即便是在工作场所，员工的隐私权也应当被尊重。但是雇主基于合法权利保护公司的利益以及防范内部风险也是对一个组织而言必不可少的，这包括对员工的背景调查以及一些内部合规行为监控软件的使用。因此，隐私权与公司的合规控制权这两者之间需要采取某种方式以达到平衡。

根据数据保护规则，雇主仍有权使用在工作场所产生的雇员个人数据，但雇主必须遵守当地相关的就业法律和任何与电子通信隐私有关的具体规则。雇主可能会因为一些不同的原因监控其雇员，包括在雇员使用雇主的设备时采取保障措施或对涉嫌未经授权的活动进行监控。当雇主决定对工作场所进行监控时，必须满足必要性、合法性、适当性和透明性这四个基本条件。

（1）必要性

若要在工作场所对雇员进行监控，雇主必须确保这种监控行为对实现企业或组织的经营或合规目标而言是必需的。换句话说，雇主在开始进行工作场所监控之前应该考虑是否有其他对个人隐私侵入性较低的监督方法。根据GDPR的要求，当监控活动可能对个人的权利和自由造成高风险时，雇主应当进行数据保护影响评估（DPIA）或隐私影响评估（PIA）。如果监控活动可以被认为是基于自动化处理的对个人进行的系统性和广泛性的评估，并且在此基础上作出的决定对个人产生了法律方面或同样重要的影响，则必须进行数据保护影响评估。GDPR 下的 WP29 指引对需要作出评估的情形做了举例说明。关于数据保护影响评估详见第十章。

（2）合法性

雇主对工作场所的监控行为必须基于合法理由。雇主可能希望监控办公场所的互联网使用情况，以确保员工没有使用互联网下载色情内容或向外界泄露雇主的机密信息。另外，监控也可以用来确保雇员本身的安全。从数据保护的角度来看，雇主有合法的权利来保护自己的业务免受重大威胁，比如防止机密信息被发送给竞争对手，但也需要同时考虑雇员的隐私保护，因此这通常意味着雇主需要依赖合法的权利平衡测试。

虽然 GDPR 第 9 条允许雇主根据劳动法、社会保障法和社会保护法的具体要求处理雇员的敏感数据，但即便敏感数据处理有欧盟或其成员国法律提供充足的法律依据，收集敏感数据的工作场所监控可能依然会出现问题。因此，当雇主预见到工作场所监控可能涉及处理与种族、宗教、政治观点和性生活有关的数据时，雇主必须参照欧盟和当地法律的指导。在某些情况下，可能没有足够的理由通过监控活动处理员工敏感数据。

此外，在德国等国家，雇主可能有必要考虑使用集体协议或在监控前咨询工会。例如，在奥地利，劳动法限制雇主在未首先与工会达成协议的情况下实施对员工的监控。

（3）适当性

当雇主考虑进行工作场所监控时，还需要着重考虑使用的监控手段与雇主希望达到的合法目的之间的适当性。例如，为了防范员工泄露公司机密而监控所有员工的邮箱肯定是过度的，因而不符合适当性的原则；然而，为了确保雇主 IT 系统的安全对大量的电子邮件进行自动化监控很可能会被认为是适当的，因为这种监控是利用技术手段来发现 IT 系统中的漏洞。因此，监测活动必须设计成能够合理应对潜在的或已知的威胁的活动。在可能的情况下，对电子邮件的监控应限于电子邮件产生的传输数据，如谁在什么时间发送了电子邮件，而不是监控邮件的内容。

（4）透明性

与第六章所介绍的数据处理信息告知义务的要求类似，雇主在进行工作场所监控时，需要向雇员提供充足有效的信息。遵守透明性的要求不仅是为了符合 GDPR 中关于通知的要求，也是为了让员工对他们的工作将如何被监控有一个合理预期。这一心理预期的形成对雇主的合规至关重要，如果员工没有被告知他们的行为将在工作场所被监控，他们对隐私的期望就会更大，而告知员工他们将如何被监控可以降低这种对工作场所隐私程度的期望。例如，若员工事先被告知在工作场所使用雇主设备的使用标准，并被告知这种使用将受到监控，那么他们在未来就没有足够的余地争辩说他们不知道自己的行为违反了雇主的行为标准，并且不能就受到监控一事提出异议。但要注意的是，不能仅仅因为雇主已经警告员工他们没有工作场所的隐私，就认定雇员在工作场所缺乏隐私是可以接受的。法院或数据监管机构不会承认通过雇主单方面的警告而进行工作场所监控是合法的，因为法律规定，员工在工作场所享有一定程度的隐私，这一要求无法完全消除。因此，雇主应该使用可接受的使用政策（AUP），该政策面向所有新员工和现有员工，详细列出雇主通信设备的使用标准，并向员工表明其使用过程是可能被监控的。

当然，在某些情况下，雇主可能认为有必要进行秘密监视，因为通知某个特定的人他正在受到特别监视，这就意味着此人涉嫌从事不法活动。如果雇主有合理的理由怀疑员工的行为，那么在某些情况下也可以进行秘密监视。在一些欧盟司法管辖区，这种类型的秘密监视只在非常有限的情况下才被允许，比如员工涉嫌刑事犯罪；在某些司法管辖区，则根本不被允许。

7. 雇主在进行工作场所监控时应当向雇员提供的信息

在 WP29 中就雇主应向雇员提供的信息作出了指引，这些信息包括：

①公司的电子邮件/互联网使用政策，其中应详细描述员工可以使用公司拥有的通信设施进行私人通信的程度（比如是否有时间和长度的限制）。

②如果有正在进行的监控行为，需要说明进行监控的原因和目的。如果雇主允许雇员因私人目的使用公司的通信设施，在非常有限的情况下，这种私人通信可能会被法律允许受到雇主的监视。

③采取的监控措施细节，包括监控的对象、监控的行为类型、监控的方式、监控的时间等。

④关于执行程序的细节，包括告知雇员违反内部政策的时间和方式，以及雇员对其进行申辩的权利的使用方式。

其中有一些指引特别适用于对电子邮件的监控，这些信息包括：

①员工是否有权拥有一个纯粹用于个人用途的电子邮件账户，是否允许在工作中使用网页邮件账户，以及雇主是否建议员工使用一个私人的网页邮件账户纯粹供个人使用；

②访问员工电子邮件的安排；

③任何信息的备份存储周期；

④关于从服务器上删除邮件的相关规定；

⑤雇员代表参与制定政策的情况。

其中还有一些指引特别适用于对网络使用的监控，这些信息包括：

①明确规定允许因非工作原因使用互联网的条件，并指明不能从互联网上查看或复制的信息。

②有关系统防止访问某些网站和对不良使用进行检测的情况。应规定此类监测的范围，例如，此类监测是否涉及个人或公司的特定部门，或雇主是否在特定情况下查看或记录所访问网站的内容。

③负责执行控制政策和进行调查的雇主代表的信息。

8. 工会（Works Council）

雇主处理雇员个人数据的数据保护并非一个孤立的合规领域。雇主应综合考虑其在劳动法下的义务以及与工会和任何类似工会组织达成的集体协议。工会是代表雇员的机构，一般根据当地法律享有某些影响雇主使用雇员个人数据的权利。工会可以在决定员工的个人数据是否可以被处理方面发挥作用，因为它们通常有义务保护员工的权利，包括数据保护和隐私权。在很多欧盟国家，像法国、德国、意大利，工会非常活跃，并且有非常大的权力。在某些国家，不让工会参与可能意味着数据处理是非法的。例如，根据德国的工会法案，工会可以否决雇主对雇员使用监控设备，工会可能有权寻求法院禁令，雇主可能会受到经济处罚。因此，最好的操作是在进行任何监控前征询工会的意见。

9. 员工使用私人设备进行工作的特别注意（bring your own device）

很多雇主允许雇员在工作场所使用自己的个人设备（如智能手机/平板电脑）进行工作内通的处理。员工可以将他们的工作电子邮件安装到他们的个人设备上，以便他们使用一个设备同时进行个人通信和工作通信。但自带设备参与工作（BYOD）会带来一定的数据保护合规问题，因为雇主仍然作为数据控制人负责处理任何在员工的个人设备上处理的与工作相关的个人数据，但该设备也包含雇员个人生活的信息，雇主通常没有合法理由访问这些信息。此外，在工作场所以外的地方，储存着个人数据的员工个人移动设备很容易丢失或使里面的数据被滥用。因此，对于存储着与员工工作生活有关数据的个人设备，雇主需要寻求强有力的数据保护。鉴于此，允许雇员自带设备进入工作场所进行工作的雇主需要进行以下操作：

①制定一个自带设备参与工作（BYOD）政策，向员工解释

他们如何在工作中使用个人设备以及他们的数据保护职责是什么。

②要清楚通过个人设备处理的数据存储在哪里，以及必须采取什么措施来保证数据安全。

③确保从个人设备到公司服务器的数据传输是安全的，尽可能避免任何安全威胁。

④需要考虑一旦员工离开公司或设备被盗或丢失，如何管理保存在个人设备上的个人数据。尤其是在移动设备上，有必要采用远程控制软件在设备丢失时定位设备和删除数据。

第十三章

针对用户进行营销行为中的数据合规

在欧盟的立法框架下，营销行为不仅涉及数据安全和隐私保护，还会涉及消费者保护法的相关内容。营销行为往往涉及使用通过收件人的设备收集的数据，如从其智能手机收集的位置数据或通过 cookies 收集的数据。而且，营销行为发送信息的方式不再局限于邮政邮件和电子邮件，还可以通过第三方平台消息、推送消息和应用内消息发送。因此，关于营销行为中的数据合规往往是数据合规体系中最复杂的一部分，数据控制人往往疲于应付一系列令人眼花缭乱的选择加入（opt-in）和选择退出（opt-out）的要求。未能清楚了解数据保护法律如何应用于营销行为可能对个人和企业造成严重法律后果。如果企业没有合法收集到用户的许可，最终可能会将营销信息发送给不希望收到这些通信的个人，这样既构成了法律合规风险，也造成了潜在的品牌形象的损害。相反，对数据保护规则应用过于严格的企业可能会对本可以合法发送营销通信的营销策略施加不必要的限制。

另外，各成员国可能会在 GDPR 的基础上或在其法律外沿之外，针对广告和通信以及消费者权益保护方面制定其他更严格的法律对于营销行为的模式作出限制，并管理个人数据使用的时间和方式，如针对未经请求的商业消息（反垃圾邮件）的规定，以及在网站页面、电子邮件和推送通知中使用 cookies 和类似技术的规定。因此，关注各成员国国内法针对用户营销的规定也是非常重要的。

如果公司或组织没有在合规的基础上进行营销，除了会受到数据合规监管机构的行政处罚外，还有可能涉及民事甚至刑事风险。

1. 营销行为数据合规的基本框架

（1）定义

并非所有出自企业或组织的沟通信息都构成数据保护法下需要被约束的营销行为。当然，营销的定义还是很宽泛的。根据WP29 对数据合规中营销行为的解释，营销行为是指任何形式的有利于促进销售的向他人传递信息的行为，甚至包括由慈善机构和政治组织进行的以筹款为目的直接宣传行为。然而，营销信息并不一定需要针对出售商品或提供服务，在某种程度上，它可以是一个免费服务的推广信息。

数据保护法下的营销行为更多是指针对一个或多个个人的直接营销，即通过任何广告或营销材料的传播向特定的个人发送信息。因此，数据保护法下的营销行为是指需要进行个人数据处理以向数据主体传递营销信息的行为。在这一定义下，不针对特定对象的传播行为，以及向已有的客户发送与双方履行合同有关的信息并不会受到数据保护法在营销行为方面的约束。

（2）数字营销与非数字营销

GDPR 中对处理个人数据后的营销行为作出了规定，适用于通过信件、电话、传真以及电子邮件等所有线上或线下方式进行的直接营销行为。当公司或组织基于对个人数据的处理而进行营销时，需要履行 GDPR 中的以下义务：

①需要基于合法理由收取并处理数据主体的个人数据。一般而言这意味着取得数据主体明确同意或基于合法利益进行数据处理（合法性要求）。

②向数据主体提供数据处理的合理信息，说明他们的个人数据将用于营销目的（透明性要求）。

③实施适当的技术和组织措施保护被处理的个人数据，与代表数据控制人进行直接营销的任何服务提供商，如外部广告代理商、邮件服务提供商等，签订包含适当数据保护义务的合同。

④不将个人数据输出到欧洲经济区（EEA）以外，除非传输方式上有足够的法律保障，如使用 BCRs 或 SCC。例如，在没有确保适当保护措施到位的情况下，不应向海外广告公司发送联系人列表，委托其以数据控制人的名义发送营销通信。

⑤遵守 GDPR 下的其他数据处理义务。

另外，如果通过电子通信的方式进行数字营销，比如通过网络广告、短信、即时通信软件等进行营销，则还需要适用欧盟《隐私和电子通信指导》（ePrivacy Directive 2002/58/EC）（以下简称《隐私指导》)。这包括对通过电话、传真和电子邮件（包括短信和即时消息）进行营销的同意和信息的要求，也包括对推送通知和其他消息的要求。一般的规则是，除了个人对个人的点对点电话营销外，大多数形式的数字营销都需要事先征得预期收件人明确参与的同意。而当个人数据是在产品或服务销售的情况下被数据控制人预先收集时，后续的电子邮件可以直接向数据主体发送，前提是数据主体可以选择退出或停止接收任何类似的邮件。

《隐私指导》还规定了一些特殊的规则，这些规则会影响基于位置的营销和数据控制人使用 cookies 进行线上行为广告（OBA）的能力。适用于每种不同营销传播渠道的特定规则将在下面进行更详细的讨论。

(3) 数据主体接受营销行为的退出权

GDPR 要求个人必须有权利拒绝或选择从数据控制人的直接营销联系人列表中退出。这一规定已适用于在数据主体同意的基础上处理个人数据的情况，因为任何同意均可在任何时间撤回。另外，这种退出权也适用于基于合法利益进行数据处理后进行直接营销的情况。具体而言，GDPR 对退出权作了以下的要求：

①个人需要在每次通信时都被告知他们有选择退出的权利。在与数据主体进行第一次通信时，应明确提及数据主体的权利，并应明确地与任何其他信息分开提出以引起注意。

②允许个人选择退出所有营销渠道的营销信息接收。个人必须能够选择退出所有形式的直接营销，这适用于通过邮寄、电话、电子邮件或任何其他方式进行的直销。

③数据控制人必须及时跟进数据主体提出的任何形式的退出请求，不能作出不合理的延迟，并且不得对这种请求收取任何费用。

④除非根据法律要求必须保留数据、用于诉讼目的或有其他必需的合法理由，在数据主体要求退出时，必须删除与营销相关的个人数据，包括删除用户画像数据。

当数据主体要求退出时，必须立即停止所有针对该数据主体的营销行为，并采取措施将该数据主体在营销列表中作出标注。因此，在发起任何营销通信之前，数据控制人应该根据其内部退出记录整理、交叉引用和更新其营销联系人列表。

2. 通过信件方式进行营销

由于信件并非网络方式，因此通过信件开展的营销并不受到《隐私指导》管辖，但采取这种方式依然需要满足 GDPR 中的一些基本要求。

营销行为主要的法定要求是基于合法理由向用户发送信息，虽然欧盟立法针对信件营销没有明确的特殊要求，但很多成员国，如比利时、西班牙，都要求在向用户发送信件前获取明确的同意。而在没有这种强制性要求的国家，数据控制人可能会以合法利益理由作为直接邮寄营销的替代性合法依据，从而避免使用明确的同意。这种情况下数据控制人的利益与个人的基本权利和自由之间需要进行谨慎的平衡，并考虑以下要素：

①营销产品或服务的性质，以决定对于个人而言，数据控制人向他们发送有关这些产品和服务的营销信息是否具有心理预期；

②接受营销信息的个人是否是数据控制人的现存客户；

③数据控制人之前是否告知用户将不会发送任何营销通信。

如果经过审慎考虑后，数据控制人发现无法依赖合法利益的理由，则获取个人同意依然是进行通信前的必要步骤。

3. 电话营销

电话营销是数字营销的一种形式，因此这种营销行为受隐私指导的规制。此外，数据控制人在通过个人数据处理进行电话营销时，必须确保他们满足 GDPR 的一般合规要求。

（1）获取同意

《隐私指导》对于个人之间的点对点电话营销并没有规定必须事前取得个人的同意，但同时允许各个成员国用国内法对此作出规定，因此不经过事先同意的点对点的营销是否可行还是要参照各国国内法对于电话营销的规定。即便可以在不经过事先同意的情况下进行电话营销，也必须免费给用户提供退出权，一旦用户行使退出权则不能再向该特定用户进行电话营销。此外，有些成员国国内法还规定，每次电话营销都必须向用户告知其享有退出权和随时进入权，并不收取任何费用。而对于自动电话呼叫调用系统作出的批量式营销，《隐私指导》则规定必须事前取得个人的同意。综上，关于电话营销的规则和最佳实践因国而异，而取得事先明确同意则是更加安全的合规路径。

（2）自动呼叫调用系统

自动呼叫调用系统是一种自动拨打电话号码，然后在接收者接听电话时播放预先录制的信息的系统。数据控制人在使用自动呼叫调用系统进行直接电话营销时，必须事先获得个人的同意。此外，一些成员国（如波兰）的法律要求，以这种方式进行电话营销必须提供营销者的身份和联系方式。

（3）B2B 和 B2C 电话营销

法律对待企业对企业（B2B）的直接电话营销在成员国之间有所不同。一些成员国不区分企业对企业和企业对消费者（B2C）的营销，而其他国家则采用更加放任的态度对待 B2B 的电话营销。

当个人数据被处理以用于电话营销时会触发 GDPR 的相关规

定。同理，当处理员工的个人数据以进行 B2B 营销时，也一样适用 GDPR 关于个人数据处理的规定。因此，数据控制人在对这些员工进行 B2B 电话营销之前，必须有合法处理这些员工个人数据的依据。

如果成员国国内法律区别对待 B2C 和 B2B 电话营销，允许 B2B 电话营销在提供选择退出的基础上不经事先同意进行，数据控制人可能仍然需要根据该国法律定期更新其营销对象列表以保证行使退出权的人不会接到营销电话。

4. 网络电子信息营销（使用电子邮件、短信、即时通信软件）

（1）网络电子信息的定义

《隐私指导》中的术语“电子信息”指的是“通过公共通信网络发送的任何文本、语音、声音或图像信息，该信息可以存储在网络或收件人的终端设备中，直到收件人收集为止”。这一术语采用了比较中立的技术解释，使其覆盖范围足以包括通过电子邮件、短信和即时通信软件进行的营销。

（2）获取同意

根据《隐私指导》的要求，数据控制人必须事先获得明确同意，才能使用电子信息向个人发送营销信息。通常情况下，数据控制人在收集个人数据时必须向数据主体提交合理的数据处理通知，要求数据主体同意数据控制人通过电子信息进行营销。

（3）事先获取同意的例外情况

当用户个人数据已经在之前的销售商品或服务过程中被数据控制人获取时，《隐私指导》允许数据控制人在不经过个人明确同意但同时给予个人完善退出权保障的情况下，向其发送电子信息，针对数据控制人提供的且个人曾经购买过的类似商品或服务进行营销，这一制度也被称为软同意（soft opt-in）。针对这种软同意，数据控制人必须确保符合以下要求：

①个人数据的收集必须发生在之前数据控制人与个人的商品或服务交易中，并且在当时必须具有合法的数据收集理由。

②软同意下进行营销的商品或服务，必须是数据控制人自己进行销售或运营的商品或服务，并且这些商品或服务需要与之前收集个人数据时进行交易的商品或服务属于同一类别，不能是其他商品。例如，若之前收集个人数据时交易的商品是食品，则后续基于软同意进行推广营销的商品也只能是食品，而不能是电子产品或其他产品类别。

③在初始收集个人数据时，就必须告知相关个人，其有权决定不接受后续的针对同类产品的营销，并且个人行使这种权利应当简单和易于执行，不应被附加任何的障碍，更不得收取费用。

一般而言，合规的做法是给用户提供一个打钩的选项，允许其通过简单的点击行使退出权。

④在后续每次向个人发送电子营销信息时，都必须告知个人其享有退出权，并且提供简单的行使退出权的机制，比如提供打钩退订选项。

（4）信息披露义务

在进行电子信息营销时，隐私指导要求数据控制人向个人提供详细的地址或联系方式信息以方便个人行使退出权。这种信息的提供需要与发送信息的手段相一致。例如：若是通过电子邮件发送，则需要提供退订的邮箱地址或退订的超链接；若是通过短信发送营销信息，则要提供个人发送退订信息的方式。在这个过程中，数据控制人不得隐藏信息或隐藏真实的发件人地址；不得将组织的营销信息伪装成个人之间的通信；不得提供虚假的或无法实现的营销手段信息，如给出虚假的或无法轻松获得的折扣。

（5）B2B 和 B2C 电子营销

与电话营销一样，B2B 和 B2C 之间监管的差别是依据具体成员国国内法而定的，因此在进行电子营销时还是需要着重注意各成员国法律规定方面的区别。

5. 基于位置的营销

在智能手机、车联网、物联网技术飞速发展的当下，大量个人设备不仅具备了接入互联网的能力，更能够获取用户的位置信息。正是大量的个人位置数据使基于位置的营销成为可能，也让基于位置的营销成为另一个数据保护法领域的重点和热点。

GDPR 适用于任何涉及个人数据处理的位置数据使用，因此 GDPR 的绝大部分规定一样适用于大多数基于位置的营销行为。因此，数据控制人在处理个人数据以进行基于位置的营销时，必须确保他们满足 GDPR 的一般合规要求，包括透明性要求和合法数据处理要求。此外，《隐私指导》要求在处理个人位置数据时提供具体的同意和选择退出机制。

（1）位置数据的定义

《隐私指导》将术语“位置数据”定义为“在电子通信网络或电子通信服务中处理的任何表明公共可用电子通信服务用户终端设备的地理位置”。这包括有关个人终端设备的纬度、经度、高度和移动方向的信息。

需要注意的是，《隐私指导》下的位置数据处理规则仅适用于揭示个人“终端设备”（比如他们的智能手机或电脑终端）的地理位置的数据，而不是这个人的位置。因此，如果一个人在社交网站上公布了其个人所在位置，比如分享其正在马耳他度假，而数据控制人基于该人实际所在位置的信息向其推送马耳他的产品或服务并不属于基于位置的营销行为的范围。

（2）同意要求

《隐私指导》要求使用个人的位置数据来提供“增值服务”必须经过个人明确同意。个人位置数据仅以匿名形式处理的情况下，可豁免此明确同意要求。然而，在基于位置的营销的背景下，这一豁免一般不太可能适用。

（3）信息披露义务

在获取个人的同意以处理位置信息数据时，数据控制人必须向个人提供以下信息：

①将收集和处理的位置数据类型；

②位置数据处理的目的和数据处理的持续时间；

③是否会考虑将位置数据传输给第三方，以供提供增值服务；

④个人有权在任何时候撤回对位置数据的处理同意以及撤回同意的方式。

6. 基于用户线上行为的营销

用户线上行为广告（OBA）是指一种基于观察用户线上行为

对用户进行个性化推送的网页或线上广告。这种广告基于用户线上行为分析往往可以给用户推荐更适合的或用户更加感兴趣的产品或服务，从而使广告推广更加有效率，更加精确。有些网站会自行在脚本中运行用户行为监控程序，并针对用户的浏览和点击行为作出智能化的广告推荐。或者网站运营者会与第三方用户行为监控和广告推广平台合作。不论是那种情况，一般而言在线行为监控系统会储存用户浏览过程中产生的 cookies，记录这些 cookies 中产生的特异性数据，结合 IP 地址等其他信息，最终形成用户画像，并在之后根据用户画像有针对性地推广产品。

（1）线上行为广告在 GDPR 下的监管

虽然针对用户线上行为所收集的数据能否被归类为个人数据在学理上存在争议，但 GDPR 明确把通过这种线上行为实施监控的数据归类为个人数据的范畴。这首先是因为 GDPR 明确规定线上的个人可识别数据是个人数据，原因是这些数据可以把独特的个人从人群中识别出来。其次是因为 GDPR 明确了用户画像的概念为“任何形式的个人数据自动化处理，包括使用个人数据评估与自然人有关的某些方面，特别是分析或预测与自然人在工作中的表现、经济状况、健康、个人偏好、兴趣、可靠性、行为、地点或活动有关的方面”。根据 GDPR Recital 72 的解释，在未来欧洲数据保护委员会（EDPB）会发布一些针对用户画像的具体指导。

由于用户线上行为数据被认为是 GDPR 定义下的个人数据，所以当网站使用第三方广告推荐系统时，就需要明确究竟是网站本身还是该第三方抑或是广告主作为 GDPR 定义下的数据控制人。针对这一问题，WP29 给出了以下指导意见：

①一般而言，广告推荐系统的控制人将被视为数据控制人。

②网站的运营方有可能与广告推荐系统控制人构成共同数据控制人，具体是否构成需要考虑网站与广告推荐系统的合作模式、合作关系，并且网站和广告系统双方之间应当就各自承担的数据责任作出明确的约定。

③广告主在以下情况下有可能构成独立的数据控制人：个人通过广告主的网站点击目标广告，然后，广告主监测用户的浏览活动和在线行为，并将其与与该用户相关的目标广告建立起连接。

因此，关于网站、广告系统和广告主三者之间的数据处理责任需要根据个案的情况予以确定。三者都应注意确保在其签订的服务供应合同中考虑数据合规角色和相应的责任。

(2) 线上行为广告在《隐私指导》下的监管

与 GDPR 不同，《隐私指导》根本就不考虑用户线上行为相关的数据是否是个人数据，而是采取只要发生用户行为监测就必须强力监管的态度。在此背景下，《隐私指导》的关键条款是第 5 (3) 条，该条款涉及使用 cookies 和其他技术来存储或访问个人电脑上的信息的情况。《隐私指导》第5（3）条规定，使用 cookies 来存储或访问个人计算机中的信息，必须是在向相关个人提供了明确和全面的信息的前提下，相关个人已作出明确同意，并且这些同意是自由作出且可以撤销的。然而，公民权利指导（Citizens' Rights Directive）Recital 66 中却认为，只要这在技术上是可能的和可行的，个人的同意可以通过使用浏览器或其他应用程序的使用来达到默示表达的效果。这就与 GDPR 中对于同意的表达出现了冲突。

由于存在上述立法不明确的问题，长久以来《隐私指导》第5（3）条在各成员国融入国内法的情况也不尽相同，有些国家要求运用最严苛的明示同意以作为 cookies 使用的条件，比如在波兰，cookies 的使用必须经过用户在网站上打钩的行为才能实施。而相反，有些国家则采用了默示同意的解释，如德国和法国，持续浏览网站就被视为提供了对 cookies 使用的默示同意。

不过 2019 年，欧盟法院在 Verbraucherzentrale Bundesverband e. V. v. Planet49 GmbH 案（C-673/17-Planet49）中作出了关键性的判决。该案中，线上博彩公司 Planet49 在网站的 cookies 使用提示中采取了预先打钩的方式，从而被德国的消费者保护团体起诉，最终被上诉至欧盟法院。随着欧盟法院在该案中作出不利于 Planet49 的判决，各欧盟国家在 cookies 的使用上逐渐开始采取统一的严格监管。例如，法国数据合规监管机构 CNIL 就在 2020 年 10 月出台相关指导并于 2021 年 3 月正式实施，对使用

cookies 获取用户同意的具体标准作出了规定。在各国新法规出台和监管举措升级的大背景下，谷歌、亚马逊等企业都相继受到了监管机构多达上亿欧元的罚款。对于此这些监管的变化，在使用 cookies 时比较好的以适应所有欧盟国家的合规做法包括：

①对于 cookies 进行分类，至少分为使用网站必要的 cookies（necessary），用于数据分析的 cookies （analytical），用于实现用户偏好的 cookies （preference），以及用于营销的 cookies （marketing）向用户展示。

②对于非浏览使用网站必要的 cookies，在使用时必须取得用户事先同意。

③仅仅在网站上设置同意打钩弹窗是不够的，需要给予用户详细的 cookies 使用政策，并且给予用户与选择同意并打钩相同简便的方式选择不同意，比如若选择同意只需要一个点击，那么选择不同意就不能需要很多操作才能实现。

④鉴于各欧盟成员国的相关规定不同，cookies 使用政策最好与产品的隐私保护政策分开为两个独立的文件供用户查阅，并给予用户同等的查阅简易程度，以符合所有欧盟国家的规定。

⑤要在网站中允许用户修改 cookies 的使用同意和使用偏好。

⑥大多数线上行为广告解决方案都会使用第三方 cookies。提供第三方 cookies 的网站应提供关于哪些 cookies 属于哪些第三方的信息，以及在哪里可以找到此类第三方处理 cookies 的信息。

7. 全球一些主要国家在直接营销方面的隐私保护规定列表

如表 13-1 所示。

表 13-1

营销行为	电子邮件营销	电话营销	短信营销	信件营销	基于用户在线行为监控的广告	其他
日本	事先明示同意（opt-in）		事先明确同意			
阿根廷	允许退出（opt - out）或默示同意	允许退出（opt - out）或默示同意	允许退出（opt - out）或默示同意	允许退出（opt - out）或默示同意	允许退出（opt-out）或默示同意	
澳大利亚	先前已建立业务关系的前提下事先明示同意（opt-in）	先前已建立业务关系的前提下事先明示同意（opt-in）	先前已建立业务关系的前提下事先明示同意（opt-in）	先前已建立业务关系的前提下事先明示同意（opt-in）	先前已建立业务关系的前提下事先明示同意（opt-in）	商户能否使用个人数据作直接促销，将视乎它们如何收集有关数据（是直接从有关人士收集还是从第三者收集），以及有关人士是否有理由预期他们的数据会用于此目的。还有一个选择退出（opt-out）要求，适用于所有直接营销通信。其他限制适用于将敏感数据用于直接营销

续表

营销行为	电子邮件营销	电话营销	短信营销	信件营销	基于用户在线行为监控的广告	其　他
奥地利	先前已建立业务关系的前提下事先明示同意（opt-in）	事先明示同意（opt-in）有时适用允许退出（opt - out）或默示同意	先前已建立业务关系的前提下事先明示同意（opt-in）	允许退出（opt - out）或默示同意	事先明示同意（opt-in）	
比利时	先前已建立业务关系的前提下事先明示同意（opt-in）	允许退出（opt - out）或默示同意	先前已建立业务关系的前提下事先明示同意（opt-in）	允许退出（opt - out）或默示同意	事先明示同意（opt-in）	
玻利维亚	事先明示同意（opt-in）有时适用允许退出（opt - out）或默示同意	事先明示同意（opt-in）有时适用允许退出（opt - out）或默示同意	事先明示同意（opt-in）有时适用允许退出（opt - out）或默示同意	事先明示同意（opt-in）有时适用允许退出（opt - out）或默示同意	事先明示同意（opt-in）有时适用允许退出（opt - out）或默示同意	

续表

营销行为	电子邮件营销	电话营销	短信营销	信件营销	基于用户在线行为监控的广告	其他
巴西		允许退出（opt－out）或默示同意	允许退出（opt－out）或默示同意			
加拿大	先前已建立业务关系的前提下事先明示同意（opt-in）	允许退出（opt－out）或默示同意	先前已建立业务关系的前提下事先明示同意（opt-in）		允许退出（opt-out）或默示同意	
智利	允许退出（opt－out）或默示同意	允许退出（opt－out）或默示同意	允许退出（opt－out）或默示同意	允许退出（opt－out）或默示同意		
中国	事先明示同意（opt-in）	事先明示同意（opt-in）	事先明示同意（opt-in）	事先明示同意（opt-in）	允许退出（opt-out）或默示同意	

续表

营销行为	电子邮件营销	电话营销	短信营销	信件营销	基于用户在线行为监控的广告	其　他
哥伦比亚	事先明示同意（opt-in）	事先明示同意（opt-in）	事先明示同意（opt-in）	事先明示同意（opt-in）	事先明示同意（opt-in）	
捷克共和国	先前已建立业务关系的前提下事先明示同意（opt-in）	先前已建立业务关系的前提下事先明示同意（opt-in）	先前已建立业务关系的前提下事先明示同意（opt-in）	允许退出（opt - out）或默示同意	先前已建立业务关系的前提下事先明示同意（opt-in）	
丹麦	先前已建立业务关系的前提下事先明示同意（opt-in）	事先明示同意（opt-in）	事先明示同意（opt-in）	允许退出（opt - out）或默示同意	事先明示同意（opt-in） 有时适用允许退出（opt - out）或默示同意	

续表

营销行为	电子邮件营销	电话营销	短信营销	信件营销	基于用户在线行为监控的广告	其　他
阿联酋［迪拜国际金融中心（DIFC）］	事先明示同意（opt-in）	事先明示同意（opt-in）	事先明示同意（opt-in）	事先明示同意（opt-in）	事先明示同意（opt-in）	直接营销活动受 DIFC 数据保护法（DIFC Data Protection Law）的规管，即如果数据主体的数据将被用于进行直接营销，则必须通知数据主体，并必须在为此目的向第三方披露数据之前告知数据主体。但是，同意并不提供将数据用于营销目的的唯一合法法律依据。DIFC 管理局还在 2019 年 1 月发布的指南中解决了营销问题（最近一次更新是在 2020 年 7 月）。该指南不具有约束力，但确实提供了 DIFC 管理局对最佳实践的看法

续表

营销行为	电子邮件营销	电话营销	短信营销	信件营销	基于用户在线行为监控的广告	其　　他
芬兰	先前已建立业务关系的前提下事先明示同意（opt-in）	允许退出（opt - out）或默示同意	先前已建立业务关系的前提下事先明示同意（opt-in）	允许退出（opt - out）或默示同意	事先明示同意（opt-in）有时适用允许退出（opt - out）或默示同意	
越南	事先明示同意（opt-in）	事先明示同意（opt-in）	事先明示同意（opt-in）			
委内瑞拉	事先明示同意（opt-in）	事先明示同意（opt-in）	事先明示同意（opt-in）	事先明示同意（opt-in）	事先明示同意（opt-in）	
乌拉圭	事先明示同意（opt-in）	事先明示同意（opt-in）	事先明示同意（opt-in）	事先明示同意（opt-in）	事先明示同意（opt-in）	当个人数据出现在公众可查阅的文件中、由本人提供或经其同意获得的文件中时，个人数据可用于促销、商业或广告目的，或用于建立消费习惯。乌拉圭 N°18331 法案还授予数据主体免费访问这些数据的权利，数据主体有权在任何时候要求删除或屏蔽用于促销、商业或广告目的的个人数据

续表

营销行为	电子邮件营销	电话营销	短信营销	信件营销	基于用户在线行为监控的广告	其　他
美国	允许退出（opt－out）或默示同意	事先明示同意（opt-in）	事先明示同意（opt-in）		允许退出（opt-out）或默示同意	
英国	先前已建立业务关系的前提下事先明示同意（opt-in）	事先明示同意（opt-in）有时适用允许退出（opt－out）或默示同意	先前已建立业务关系的前提下事先明示同意（opt-in）	允许退出（opt－out）或默示同意	事先明示同意（opt-in）有时适用允许退出（opt－out）或默示同意	
乌克兰	事先明示同意（opt-in）有时适用允许退出（opt－out）或默示同意	事先明示同意（opt-in）有时适用允许退出（opt－out）或默示同意	事先明示同意（opt-in）有时适用允许退出（opt－out）或默示同意			

续表

营销行为	电子邮件营销	电话营销	短信营销	信件营销	基于用户在线行为监控的广告	其　　他
土耳其	先前已建立业务关系的前提下事先明示同意（opt-in）	先前已建立业务关系的前提下事先明示同意（opt-in）	先前已建立业务关系的前提下事先明示同意（opt-in）		先前已建立业务关系的前提下事先明示同意（opt-in）	
荷兰	先前已建立业务关系的前提下事先明示同意（opt-in）	先前已建立业务关系的前提下事先明示同意（opt-in）	先前已建立业务关系的前提下事先明示同意（opt-in）	先前已建立业务关系的前提下事先明示同意（opt-in）	先前已建立业务关系的前提下事先明示同意（opt-in）	
泰国	先前已建立业务关系的前提下事先明示同意（opt-in）	先前已建立业务关系的前提下事先明示同意（opt-in）	先前已建立业务关系的前提下事先明示同意（opt-in）	先前已建立业务关系的前提下事先明示同意（opt-in）	先前已建立业务关系的前提下事先明示同意（opt-in）	

续表

营销行为	电子邮件营销	电话营销	短信营销	信件营销	基于用户在线行为监控的广告	其　他
瑞士	先前已建立业务关系的前提下事先明示同意（opt-in）	先前已建立业务关系的前提下事先明示同意（opt-in）	先前已建立业务关系的前提下事先明示同意（opt-in）		先前已建立业务关系的前提下事先明示同意（opt-in）	
瑞典	先前已建立业务关系的前提下事先明示同意（opt-in）	允许退出（opt - out）或默示同意	先前已建立业务关系的前提下事先明示同意（opt-in）	允许退出（opt - out）或默示同意	事先明示同意（opt-in）	
西班牙	先前已建立业务关系的前提下事先明示同意（opt-in）	事先明示同意（opt-in）有时适用允许退出（opt - out）或默示同意	先前已建立业务关系的前提下事先明示同意（opt-in）	允许退出（opt - out）或默示同意	事先明示同意（opt-in）	

续表

营销行为	电子邮件营销	电话营销	短信营销	信件营销	基于用户在线行为监控的广告	其　他
韩国	先前已建立业务关系的前提下事先明示同意（opt-in）	先前已建立业务关系的前提下事先明示同意（opt-in）	先前已建立业务关系的前提下事先明示同意（opt-in）	先前已建立业务关系的前提下事先明示同意（opt-in）	事先明示同意（opt-in）	
南非	先前已建立业务关系的前提下事先明示同意（opt-in）	先前已建立业务关系的前提下事先明示同意（opt-in）	先前已建立业务关系的前提下事先明示同意（opt-in）		先前已建立业务关系的前提下事先明示同意（opt-in）	
新加坡	事先明示同意（opt-in）有时适用允许退出（opt - out）或默示同意	事先明示同意（opt-in）有时适用允许退出（opt - out）或默示同意	先前已建立业务关系的前提下事先明示同意（opt-in）	事先明示同意（opt-in）有时适用允许退出（opt - out）或默示同意	事先明示同意（opt-in）	新加坡相关法律 PDPA 不涵盖 B2B 营销，另外个人以非个人生活目的提供的联系方式不包括在数据保护义务范围内

续表

营销行为	电子邮件营销	电话营销	短信营销	信件营销	基于用户在线行为监控的广告	其他
沙特阿拉伯	事先明示同意（opt-in）有时适用允许退出（opt - out）或默示同意		允许退出（opt - out）或默示同意			
俄罗斯	事先明示同意（opt-in）	事先明示同意（opt-in）	事先明示同意（opt-in）	事先明示同意（opt-in）	事先明示同意（opt-in）	
葡萄牙	先前已建立业务关系的前提下事先明示同意（opt-in）	事先明示同意（opt-in）有时适用允许退出（opt - out）或默示同意	先前已建立业务关系的前提下事先明示同意（opt-in）	允许退出（opt - out）或默示同意	事先明示同意（opt-in）	

续表

营销行为	电子邮件营销	电话营销	短信营销	信件营销	基于用户在线行为监控的广告	其　他
波兰	事先明示同意（opt-in）	事先明示同意（opt-in）	事先明示同意（opt-in）	允许退出（opt－out）或默示同意	事先明示同意（opt-in） 有时适用允许退出（opt－out）或默示同意	
菲律宾			事先明示同意（opt-in）			
挪威	先前已建立业务关系的前提下事先明示同意（opt-in）	先前已建立业务关系的前提下允许退出（opt-out）或默示同意	先前已建立业务关系的前提下事先明示同意（opt-in）	先前已建立业务关系的前提下允许退出（opt-out）或默示同意	事先明示同意（opt-in） 有时适用允许退出（opt－out）或默示同意	

续表

营销行为	电子邮件营销	电话营销	短信营销	信件营销	基于用户在线行为监控的广告	其 他
墨西哥	事先明示同意（opt-in）	事先明示同意（opt-in）	事先明示同意（opt-in）	事先明示同意（opt-in）	事先明示同意（opt-in）	
卢森堡	先前已建立业务关系的前提下事先明示同意（opt-in）	先前已建立业务关系的前提下事先明示同意（opt-in）	先前已建立业务关系的前提下事先明示同意（opt-in）	先前已建立业务关系的前提下事先明示同意（opt-in）	先前已建立业务关系的前提下事先明示同意（opt-in）	
意大利	先前已建立业务关系的前提下事先明示同意（opt-in）	事先明示同意（opt-in）有时适用允许退出（opt-out）或默示同意	先前已建立业务关系的前提下事先明示同意（opt-in）	事先明示同意（opt-in）有时适用允许退出（opt-out）或默示同意	事先明示同意（opt-in）	

续表

营销行为	电子邮件营销	电话营销	短信营销	信件营销	基于用户在线行为监控的广告	其　他
以色列	先前已建立业务关系的前提下事先明示同意（opt-in）	先前已建立业务关系的前提下事先明示同意（opt-in）	先前已建立业务关系的前提下事先明示同意（opt-in）	先前已建立业务关系的前提下允许退出（opt-out）或默示同意		
爱尔兰	先前已建立业务关系的前提下事先明示同意（opt-in）	事先明示同意（opt-in）有时适用允许退出（opt-out）或默示同意	先前已建立业务关系的前提下事先明示同意（opt-in）	允许退出（opt－out）或默示同意	事先明示同意（opt-in）有时适用允许退出（opt－out）或默示同意	
印尼	事先明示同意（opt-in）	事先明示同意（opt-in）	事先明示同意（opt-in）	事先明示同意（opt-in）	事先明示同意（opt-in）	

续表

营销行为	电子邮件营销	电话营销	短信营销	信件营销	基于用户在线行为监控的广告	其　他
冰岛	先前已建立业务关系的前提下事先明示同意（opt-in）	允许退出（opt－out）或默示同意	事先明示同意（opt-in）	允许退出（opt－out）或默示同意	允许退出（opt-out）或默示同意	
匈牙利	事先明示同意（opt-in）	事先明示同意（opt-in）有时适用允许退出（opt-out）或默示同意	事先明示同意（opt-in）	事先明示同意（opt-in）有时适用允许退出（opt－out）或默示同意	事先明示同意（opt-in）	
希腊	先前已建立业务关系的前提下事先明示同意（opt-in）	事先明示同意（opt-in）有时适用允许退出（opt－out）或默示同意	先前已建立业务关系的前提下事先明示同意（opt-in）	先前已建立业务关系的前提下事先明示同意（opt-in）	先前已建立业务关系的前提下事先明示同意（opt-in）	

续表

营销行为	电子邮件营销	电话营销	短信营销	信件营销	基于用户在线行为监控的广告	其　　他
德国	先前已建立业务关系的前提下事先明示同意（opt-in）	先前已建立业务关系的前提下事先明示同意（opt-in）	先前已建立业务关系的前提下事先明示同意（opt-in	允许退出（opt - out）或默示同意	事先明示同意（opt-in） 有时适用允许退出（opt - out）或默示同意	
法国	先前已建立业务关系的前提下事先明示同意（opt-in）	允许退出（opt - out）或默示同意	先前已建立业务关系的前提下事先明示同意（opt-in）	允许退出（opt - out）或默示同意	事先明示同意（opt-in）	

注：以上列表中各国关于营销行为中的隐私保护规定仅仅为一个总揽，详细的法律规定还是需要在合规实践中查阅各国的详细法律条文。另外以上信息采集自 2022 年，某些法律规定可能会随着时间的推移发生变化。

第十四章

外包业务关系中的个人数据保护

从 20 世纪 60 年代初开始，电子数据处理技术的迅速发展和大型计算机的首次出现，使得公共管理部门、政府机构以及大型企业靠着资金或体量优势建立了大量的数据库和数据处理基础设施，这些基础设施的出现增加了个人数据的收集、处理和共享的业务体量。此后不久，一系列被称为“数据局”或“数据外包”的服务相继出现，给本身没有数据处理能力的小型机构提供了数据计算和处理服务。这种实际数据处理人与承担数据保护责任的主体分离的市场实践现状把数据合规监管提升到了一个更加复杂的维度上。监管在立法和国际条约层面一直试图解决这个问题。例如，OECD 关于隐私保护和个人数据跨境流动的指导指出：“根据各国国内法，遵守隐私保护规则和作出数据保护相关决定的责任应由数据控制人承担，即使实际的数据处理是由另一方进行的，数据控制人仍保留这一义务。”在之后的欧盟立法，如数据保护指导和 GDPR 中，也都对这一基本原则作出了确认并对这一原则的实施进行了细化的规定。

1. 各方在外包业务中的数据保护角色

GDPR 中首次区分了数据控制人和数据处理人的概念，但明显 GDPR 更加关注外包业务发生过程中产生的复杂数据处理行为。因此，在保留适用于数据控制人的法律义务的同时，它规定了一些专门适用于数据处理人的新的法律责任，并预见到了与最终客户没有直接合同关系的二级分包数据处理人的存在并对其进行了规定。

正如之前的章节中所介绍的，一般而言数据控制人是指一个自然人或机构，独自或与他人一起，决定个人数据的处理方式和处理目的。相对的，数据处理人则是指代表数据控制人进行数据处理而不决定相关处理目的的自然人或机构。在 GDPR 下，数据控制人有着比数据处理人更高的个人数据保护要求，其需要确保与数据处理人签订的任何协议中详细包含了数据控制人和数据处理人关于数据保护的权利和义务，并需要确保数据处理人的处理行为符合 GDPR 的规定。

（1）外包业务客户作为数据控制人，而服务商作为数据处理人的情况

对于一个外包关系中的数据控制人和数据处理人，最合乎逻辑的方式是把外包合同的顾客作为数据控制人，把外包服务供应商作为数据处理人。在这一关系中，外包合同即便没有说明双方当事人在数据保护方面的作用，但合同应该有足够的要素来断定合同中的客户在确定处理的目的和手段方面发挥主导作用。另外 GDPR 明确规定，数据处理人进行的数据处理必须受合同或法律行为的约束。

除了以上需要规范数据控制人和数据处理人共同行为的规定外，GDPR 对数据处理人提出了以下要求：

①当 GDPR 下定义的数据处理人没有在欧盟成立时，数据处理人必须在欧盟指定一名代表。除非其进行的数据处理是偶发的，同时不包括与刑事定罪和犯罪有关的特殊类别数据或个人数据的大规模处理，且不太可能对个人的权利和自由造成风险。(GDPR 第 27 条)

②在未经过数据控制人明确授权或许可的情况下，数据处理人不能再次把个人数据的处理外包给下一级数据处理人。如果数据控制人进行一般的书面授权，数据处理人必须通知数据控制人任何关于其他数据处理人的增加或替换的打算，并给数据控制人一个反对执行这些变化的机会。(GDPR 第 28（2）条)

③数据处理人代表数据控制人进行的数据处理行为必须受书面合同或其他与数据控制人有关的对数据处理人具有约束力的法律行为的约束。双方的合同必须包含与数据处理行为有关的特定信息和细节。(GDPR 第 28（3）条)

④当数据处理人需要将部分数据处理行为二次分包给二级数据处理人时，数据处理人与数据控制人关于数据处理相关合同中约定的数据处理人的义务必须以合同约定的形式承接并适用于二级数据处理人。对于二级数据处理人的数据处理行为的合规性，原数据处理人必须全权向数据控制人负责。(GDPR 第 28（4）条)

⑤数据处理人、二级数据处理人抑或是经授权进行数据处理的个人，进行数据处理行为都必须经过数据控制人的授权，除非欧盟或成员国的强制性法律规定要求其进行额外的数据处理。

（GDPR 第 29 条）

⑥数据处理人或其授权代表必须保存一份书面记录，记录数据处理人代表数据控制人进行的所有个人数据处理活动，其中必须包括处理数据的种类、数据处理方式等若干细节。在监管机构要求的情况下，数据处理人有义务将该记录提供给数据保护机构（DPA）。当然，这一义务不适用于雇用少于 250 名员工的数据处理人，除非该数据处理人所进行的数据处理是被定义为高风险的数据处理行为。（GDPR 第 30（2）条）

⑦数据处理人或其授权代表必须与数据保护机构紧密配合。（GDPR 第 31 条）

⑧数据处理人须针对数据处理过程所中可能引发的风险，采取适当的技术及组织保全保障措施，以确保个人数据得到保护。这些措施包括：使用数据假名化或数据加密技术，确保系统和服务的连续性、完整性、可用性，部署备份和灾难后恢复机制，定期审查和升级应用于数据处理的安全措施等。（GDPR 第 32 条）

⑨如果数据处理人发现了个人数据泄漏或其他数据安全事故的发生，必须立刻向数据控制人报告。（GDPR 第 33 条）

⑩如果数据处理人的核心数据处理活动涉及对大量个人进行定期和系统的监测，而且大量数据处理活动涉及大量个人敏感数据和犯罪记录数据，则必须指派一名正式的数据合规官（DPO）。在指定数据合规官的情况下，数据处理人需要公开发布数据合规官的联系方式，以及协助数据合规官与数据合规监管机构建立联

系。(GDPR 第 37 条)

⑪数据处理人必须向数据合规官提供必要的支持，确保他们能够独立行动，以降低合规风险，并且如果数据合规官有其他任务，数据处理人需要确保这些任务不会导致利益冲突。(GDPR 第 38 条)

(2) 外包业务中数据处理服务商作为数据控制人的情况

在有关数据处理的外包业务中，因为负责数据处理的组织往往会比将数据处理业务外包的组织在数据的处理使用等方面具有更多的经验和专业知识，所以有时外包数据处理业务的服务商可能会代替发包人决定个人数据的用途和处理方式。根据 GDPR 第 28 (10) 条的规定，若数据处理人在数据控制人的授权以外进行数据处理并自行决定数据处理用途时，该数据处理人本身也是数据控制人，并承担数据控制人应当承担的数据保护义务。

2. 外包协议中应当包含的数据保护义务条款

一份外包协议中的数据保护条款对于该协议的效力有着至关重要的影响。对于数据控制人而言，外包协议中最好能把关于数据保护的条款约定得尽可能的详细，从而减小外包过程中可能产生的数据合规风险。

（1）明确双方对于数据处理的决策权

为了明确区分数据控制人（一般为外包合同中的客户）和数据处理人（一般为外包合同中的服务供应商）的角色，任何涉及个人数据处理的外包合同都必须确定哪一方决定个人数据的处理用途和处理目的。根据 GDPR 的立法意图，外包合同中需要包含条款明确约定“供应商应依据客户文件记载的指示进行个人数据处理”，从而明确客户作为 GDPR 定义下的数据控制人。

（2）关于用于个人数据保护的技术和组织措施条款

对于数据控制人而言，在进行数据处理活动外包的过程中，可以依靠数据处理人在这方面的专业性来确定具体的数据保护措施，但必须在合同中体现以下约定：

①客户依赖供应商的技术和专业知识来评估如何适当保护个人数据，以防止未经授权的或非法的数据处理，以及防止意外丢失、毁坏、损坏、篡改或泄露。

②供应商所采取的技术及组织措施必须适当，并须考虑受保护的个人数据的性质，以应付因未经授权或非法处理个人数据及意外遗失、毁坏或损坏而可能造成的损害。

（3）员工审查

从事具体数据处理业务的供应商，有义务保证其员工和其分包的二级数据处理人的行为符合数据保护法律的规定。因此，可以在合同中进行以下约定：

①供应商应当保证任何有权接触客户个人数据的供应商雇员及分包商人员的可靠性；

②所有涉及处理个人数据的供应商雇员及分包的工作人员均已接受适当的培训并了解如何处理和保护个人数据；

③所有供应商员工和分包商人员均须严格按照合同中适用的保密条款履行职责，并将客户个人数据视为保密信息。

（4）数据处理业务的二级分包

如果外包关系可能涉及数据处理人将个人数据分包给二级数据处理人，根据GDPR第28（2）和（4）条，数据控制人或签订外包合同的数据控制人的企业集团内实体与主要个人数据处理业务供应商之间的合同应作约定如下：

①关于二级数据处理人的分包，供应商必须事先取得客户的具体同意或一般书面授权；

②在一般书面授权的情况下，数据处理人必须通知数据控制人任何与其他二级处理人的使用或更换有关的信息，并给数据控制人反对这种更改的机会；

③数据处理人有义务将适用于它的数据保护合同义务承接给任何二级数据处理人；

④主供应商必须继续对二级数据处理人进行数据处理过程中

发生的任何不合规行为负责。

（5）其他应当约定的合同义务

除上述基本义务外，根据 GDPR 的规定，数据处理外包合同条款还必须包括对供应商的以下要求：

①在可能的情况下，协助数据控制人实施适当的技术和组织措施，使数据控制人在收到数据主体想要行使他们数据主体权利的要求时，有能力对这些数据主体的要求作出快速回应；

②协助数据控制人符合 GDPR 第 32 至 36 条之规定；

③除非欧盟或其成员国法律要求存储个人数据用作其他法定的目的，根据数据控制人的要求在数据处理活动结束后删除或归还任何之前交付的个人数据；

④在所有可能的情况下向数据控制人提供相关信息，以帮助数据控制人证明其行为符合 GDPR 第 28 条的规定；

⑤允许数据控制人委派的审计人员对数据处理人的数据处理行为进行审计。

第十五章

GDPR 的监管和执法

GDPR在立法上的先进性不光体现在其法律条文对个人数据保护规定的详细程度上，更体现在其中严格规定了执法的具体条文以及各个监管主体在个人数据保护中的角色和作用。当然，在欧盟这种政府权力相对弱化的司法管辖区域，仅仅靠监管机构的执法肯定是不够的，法院的审判行为和在案件裁判过程中形成的判例，以及市场主体的行业自律行为都在GDPR体系的数据合规执法中扮演了重要的角色。

1. 数据控制人和数据处理人的自我约束和管理

虽然对于身在国内的商事主体而言，自我管理听起来和没有管理也没有什么区别，但事实上在欧盟国家，由于行政系统的体量和国内相比往往非常小，因此自我管理一定是商业领域合规中不可或缺的重要一环。基于第一性原则，监管法律应要求被监管实体进行自我监督，并规定执行适当措施的必要性，以实现所需的政策目标。GDPR通过多种方式推进了这一理念，包括引入问责制的概念（见GDPR第5（2）条），引入对数据保护官员（DPO）的要求（见GDPR第37至39条），引入数据保护印章或标志以及内部行为准则认证计划（见GDPR第40至43条），使数据控制人有积极的义务能够证明自己的数据处理行为符合个人数据保护的基本原则。同样，数据控制人对其委托的数据处理人具有调控作用，而数据处理人必须调控其二级数据处理人（见

GDPR 第 28 条）。

（1）通过内部风险管理进行合规性证明的问责制度

GDPR 在其第四章中对 GDPR 第 5（2）条中证明合规性的义务在具体内容上进行了延伸，这一章要求数据控制人识别自己业务中可能存在的个人数据合规风险，并对这些风险设计预案，进行预先的防控。这些数据控制人需要在日常业务中对其数据处理行为进行监控以应对这些数据合规风险。这是 GDPR 中对自我管理作出的第一处规定。在这一过程中，数据控制人对其日常商业活动中的数据合规性监控其实是与数据合规监管机构（DPA）基于 GDPR 第 58 条对各数据控制人和数据处理人进行监管的方式类似的。

在数据控制人和数据处理人基于 GDPR 第 28 条形成的合同关系中，数据控制人事实上也对数据处理人的数据处理行为进行了监管。基于 GDPR 第 28 条的要求，数据控制人在与数据处理人签订与个人数据处理相关的合同前需要对数据处理人的数据合规能力进行背景调查，在合同中应当规定具体的数据处理合规义务，以及在合同履行过程中对数据处理人进行检查、审计等。而这些数据控制人对数据处理人的监管义务同样适用于数据处理人对二级分包数据处理人的监管。

（2）数据合规官

在数据合规官（DPO）的地位被 GDPR 正式确定前，许多组织已经在雇用 DPO 以领导数据保护工作，而 GDPR 对 DPO 的一系列正式规定则将 DPO 明确地置于组织中的监管者的地位。他们只关注数据合规性，而不用考量数据控制人和数据处理人在决定如何应对 GDPR 时必须权衡的更广泛的因素，而且不会因为严格追求合规性而被解雇或遭受处罚，这让 DPO 看起来更像是准监管者而不是普通员工。考虑到他们与监管者（DPA）合作的责任，他们实际上是数据合规监管部门在各个组织中的延伸。因此在自我监管中，DPO 在实践中承担着非常重要的任务。

（3）行业合规准则的自律监管

GDPR 的第 40 条和第 41 条建立了一种基于行业合规行为准则的自我监管体系。GDPR 第 40 条鼓励数据控制人和数据处理人的代表机构，如相关行业协会，创建关于数据保护方面的行为合规准则，而承诺应用这些合规准则的数据控制人和数据处理人需要基于准则接受合规监管（GDPR 第 40（4）和第 41（1）条）。任何代表机构都可以就任何合规问题向其所在司法管辖区的数据合规监管机构（DPA）提交行业合规准则的草案。这些草案的内容需要符合 GDPR 第 63 条关于在欧盟范围内确保 GDPR 的实施具备的最基本的一致性要求，这意味着行业准则通常应当比 GDPR

的一般性规定更加严格和具体。

GDPR 第 41 条对监督这些被 DPA 审核通过的行业合规准则实施的监督机构进行了细致的规定。这些监督机构需要证明其具有一定的独立性、专业性，以及与准则的实施并不存在利益冲突。这些监督机构还必须制定监督合规情况和处理投诉的程序，并对任何不符合行业合规准则的行为采取适当的监管行动。当然，DPA 并没有因为批准行业合规准则而放弃其监督和执法的义务，数据合规监管机构保留对行业合规准则所涵盖的数据合规事项以及承诺遵守这些准则的数据控制人和数据处理人的执法管辖权。在严重的情况下，数据控制人和数据处理人可以因违反相关行业合规准则的要求而被 DPA 作出行政处罚（GDPR 第 83（4）（c）条）。DPA 还有权撤销监督机构对相关行业合规准则的监督权（GDPR 第 41（5）条）。

（4）基于隐私认证机制的自律监管

GDPR 的第 42 条和第 43 条建立了一种基于隐私认证机制的自我监管体系。这种隐私认证是一种基于印章和标志的认证，以加盖印章或使用认证标志作为自律监管下合规的认证方式。其实这种基于印章和标志的体系与上述基于行业行为准则的自律体系本质上是一样的。根据 GDPR 第 43（1）条，这些印章或标志是由数据合规监管机构或欧盟成员国相关行政机关认可的认证机构颁发的。而作为能够颁发印章或标志的认证机构，它们为了获得认可需要满足数据合规监管机构关于认证机构的独立性和专业性要求，并需要证明其担任认证机构不存在明显的利益冲突。此外，根据 GDPR 第 43（2）条的要求，认证机构必须对印章和标志的签发、核销确立适当的流程或手续，并配备处理投诉的程序。当然，如果签发印章或标志的认证机构的行为出现严重违规，数据合规监管机构可以撤销其认证资格（GDPR 第 43（7）条）。

2. 社会监督

数据控制人和数据处理人的自我管理是确保数据处理行为符合 GDPR 规定的第一道屏障，而社会大众，尤其是数据主体层面的社会监督则是 GDPR 下数据合规的第二道屏障。事实上，个人数据保护和隐私合规的立法进程正是得益于欧盟范围内数据主体的维权实践。例如，2014 年由位于西班牙的数据主体提起的成功的群体诉讼，要求个人数据有“被遗忘”的权利，就极大影响了后续 GDPR 的立法。

（1）要求行使数据主体权利

GDPR 赋予数据主体大量的权利来控制自己的个人数据并保护自己的隐私，包括根据 GDPR 第 13 条和第 14 条的要求数据处理公开透明的权利、GDPR 第 15 条的访问自己个人数据的权利、GDPR 第 16 条的要求数据控制人纠正错误个人数据的权利、

GDPR 第 17 条的要求数据控制人删除个人数据的权利、GDPR 第 18 条的要求限制个人数据处理目的的权利、GDPR 第 20 条的个人数据可依要求携带和转移的权利、GDPR 第 21 条和第 22 条的反对相关个人数据处理的权利以及 GDPR 第 34 条的数据主体有权被告知严重的个人数据泄露事件的权利。对于这些权利，数据主体在权利得不到实现时不仅可以要求数据监管机构进行执法，还可以直接向法院诉讼寻求司法救济，并且寻求这些司法或行政执法救济并不要求以数据主体与数据控制人充分沟通为必要前置条件。

（2）违反数据控制人义务的补救及赔偿措施

如上所述，如果数据主体对数据处理的不合规行为存在不满，他们可以向数据合规监管机构或法院提出诉求，不论他们是否行使了数据主体权利或向事先数据控制人提出了投诉。对于此，GDPR 的第 77 至 79 条分三种情况对数据主体主张权利作出了规定，分别为向数据合规监管机关提出申诉的权利、对数据合规监管机关的执法行为申请司法救济的权利（类似于行政诉讼）以及直接向司法机关提起诉讼的权利。根据 GDPR 第 77（1）条，数据主体可以选择向其住所地、工作地或侵权行为发生地的数据合规监管机构提出诉求。GDPR 第 79（2）条中针对数据主体直接提起诉讼的管辖法院也作出了类似于第 77（1）条的规定。

理论上，GDPR 提供了三条路径并赋予数据主体主张权利的选择权，但事实上，向监管机构投诉对大多数个人来说是最合乎逻辑的选择，因为在大多数欧盟国家，诉讼都是一项昂贵且耗时的工作。而在某些欧盟国家，胜诉一方可以要求败诉一方支付胜诉一方所有应对诉讼过程中产生的费用，一旦数据主体因为个人证据收集能力不足或其他原因败诉，可能会面临数据控制人巨额的索赔要求。因此，对于数据主体而言，向数据合规监管机构寻求补救措施是低风险的选择。

(3) 集体维权行为（集体诉讼）

长久以来，缺乏财力和法律资源往往是阻碍个人诉诸司法途径进行维权的最大障碍，这一情况不仅在中国，在欧洲也是一个常见现象。而消除这些障碍的一种有效方法是采取代表行动，或称集体诉讼。这是指在进行司法诉讼时，由个人组成的群体作为一个集体进行诉讼活动，从而分散财务风险，集中利用分散的案件信息作为证据，并由更有诉讼经验和专业法律知识的代表实际进行诉讼活动。GDPR创造性地在数据保护立法中引入了数据主体进行代表诉讼的权利。根据GDPR第80（1）条，个人可以选择由非营利组织代表进行诉讼活动，这些组织通常被称为公民社会组织（CSOs），有时也被称为“隐私倡导者”或其他类似的名称。这些群体可以代表一个人或一群人作出有代表性的诉讼。此外，成员国可以赋予这些组织独立于个人授权的代表权，有些国家已经明确规定，公益性质或非营利性质的集体诉讼可以采用

opt-out 方式进行（即代表人可以默认代表一个权利受侵害的群体向法院提起诉讼，除非群体中的个人明确提出不想参与这个群体性诉讼）。

（4）侵权责任及赔偿申索

根据 GDPR 第 82 条的规定，若因为数据控制人或数据处理人的数据处理不合规行为导致数据主体遭受到实际损失，数据主体可以要求数据控制人或数据处理人对其进行赔偿。在多方都对数据处理过程存在过错的情况下，则与不合规行为有关的任何一个数据控制人或数据处理人对所造成的损害的任何部分都负有连带责任，在这种情况下，任意一个先行履行赔偿义务的数据控制人或数据处理人可以向其他同样存在过错的相关方寻求赔偿。

GDPR 第 82 条中提到了“实际损失”，长久以来各国对于损失的定义都有区别。例如，脱欧前的英国对数据不合规造成损失的定义一直以来都限定为直接经济损失，但其他国家有时会把精神损失也归类到损失的范围内。对于此，GDPR 条款中的用词为包括“物质损失以及非物质损失”，而 Recital 146 中则认为对于损失应该作比较宽泛的解释。因此，结合欧盟对人权的强烈关注和保护力度，应当认为 GDPR 中违规行为对数据主体造成的损失应当包括精神损失。

3. 数据合规监管机构的行政监管和执法

在欧盟，数据保护法律的执行要依靠市场主体的自律监管以及社会大众的社会监督，但监管机构的直接执法行为依然是 GDPR 体系下执法的最核心也最有效的手段。各国的数据监管机构，如西班牙的 Agencia Española de Protección de Datos（AEPD）、法国的 Commission Nationale de l’Informatique et des Libertés（CNIL），在 GDPR 的执法中扮演着不可替代的角色。

（1）各国的数据合规监管机构

GDPR 在其第 6 章中对行政监管机构作出了规定。其首要要求就是各欧盟成员国必须指定一个独立的公权力机关对 GDPR 在各国的执行作出监管。根据 GDPR 第 51 条和第 52 条，在行使 GDPR 下的监管权力时，这些公权力机关必须有独立的执法地位，不能受到国内的政治环境干扰，具有足够的人力和财力支撑其执法行为，并需要向欧盟委员会（EU Commission）报告执法行为。GDPR 第 53 条和第 54 条还规定了这些监管机构在各欧盟成员国设立的条件和规则，不过由于在 GDPR 生效前大部分欧盟国家就已经设立了独立的数据合规监管机构，因此这两条基本没有实际指导意义。

独立性是 GDPR 要求各欧盟成员国指定数据合规监管机构时

必须要满足的客观要素。例如，在 GDPR 第 52（4）条的要求下，如果监管机构在技能和资源方面对第三方（包括政府）负有责任，其独立性将受到质疑。在欧盟法院进行的关于欧洲委员会与德国的相关诉讼，即 2010 年的 European Commission v. Federal Republic of Germany 案中，欧盟法院认为德国对于监管机构的设置违背了数据监管机构的独立性要求，因为当时德国的相关监管机构 Länder 的执法行为必须受到政府的审查。在 2012 年的 European Commission v. Republic of Austria 案中，欧盟法院也对奥地利作出了类似的判决。虽然这两个案子都发生在 GDPR 出台以前，但没有理由认为，如今在更严格的 GDPR 的要求下，法院依据 GDPR 之前的《95/46/EC 号指导》作出的判决会被推翻。

除了 GDPR 第 6 章的规定，GDPR 第 36（4）条规定各欧盟成员国应在准备一项将由国家议会通过的立法草案，或基于该立法草案的与处理有关的监管措施的提案期间，咨询各国的数据合规监管机构。这一规定事实上将各国的数据合规监管机构从一个单纯的执法者升格为了在立法程序中必须参考其意见的立法程序参与者，更加体现了数据合规监管机构的独立性属性。

（2）数据合规监管机构的职能

GDPR 主要在第 57 条中对数据合规监管机构的职能作出了规定，这些职能包括：

①监督和实施 GDPR 的规定；

②促进公众对个人数据处理过程的风险、规则、保障措施和权利的认识和理解，并且需要专门针对儿童的数据处理活动促进公众的数据保护认知；

③根据各成员国国内法律，向国家议会、政府和其他机构和组织提供关于在个人数据处理方面保护自然人权利以及自由的立法和行政措施的咨询意见；

④提高数据控制人和数据处理人对他们在 GDPR 下义务的认识；

⑤应要求，向任何数据主体提供有关其行使 GDPR 下数据主体权利的信息，并在适当情况下，为此目的与其他成员国的数据合规监管机构合作；

⑥处理数据主体或团体、组织或协会根据 GDPR 第 80 条提出的投诉，在适当的范围内调查投诉的标的，并在合理的期限内告知投诉人调查的进展和结果；

⑦与其他监管部门合作，包括共享信息和相互协助，以确保 GDPR 适用和执行的一致性；

⑧对适用 GDPR 的情况进行调查，包括根据从其他监察机关或者其他公共机关获得的信息进行调查；

⑨跟踪有关数据处理的发展，包括对保障个人数据有影响的技术和商业发展，特别是数字及通信技术的发展及商业惯例的变化；

⑩制定并采用 GDPR 第 28（8）条和第 46（2）条所述的标

准合同条款（SCC）；

⑪根据 GDPR 第 35（4）条建立并维持与数据保护影响评估要求有关的清单；

⑫对 GDPR 第 36（2）条规定的数据处理工作提出意见；

⑬鼓励各市场主体或民间主体根据 GDPR 第 40（1）条拟订行业行为守则，根据 GDPR 第 40（5）条提出意见并批准行业行为守则，以及为这种守则的执行提供充分的保障；

⑭鼓励各市场主体或民间主体根据 GDPR 第 42（1）条建立数据保护认证机制和数据保护印章、标志，并根据 GDPR 第 42（5）条批准认证标准；

⑮对依照 GDPR 第 42（7）条规定颁发的证明文件进行定期审查；

⑯根据 GDPR 第 41 条起草和公布行业行为守则、监督机构的认可标准及根据 GDPR 第 43 条制定和公布认证机构的认可标准；

⑰依据 GDPR 第 41 条对行业行为守则监测机构进行认可，及依据 GDPR 第 43 条对认证机构进行认可；

⑱授权 GDPR 第 46（3）条规定的合同条款和规定；

⑲依 GDPR 第 47 条核准有约束力的公司约束规则（BCR）；

⑳对违反 GDPR 规定的行为并依照 GDPR 第 58（2）条规定采取的措施进行内部记录；

㉑完成其他与保障个人资料有关的工作。

各数据合规监管机构应允许个人和组织通过电子方式填写和

提交上述第 6 项的投诉。每个监管机构在履行对数据主体以及数据合规官（DPO）的执法和监管义务时均应是免费的。如果投诉人或其他主体对监管机构提出的请求明显是毫无根据的或过分的，特别是当数据主体重复对同一种或同类事项提出要求时，监管机构可以根据行政成本收取合理的费用，或拒绝对请求采取行动。监管机构应当承担证明该请求明显缺乏根据或过分的举证责任。

（3）数据合规监管机构的权力

GDPR 第 58 条规定了数据合规监管机构在履行其职能过程中所能享有的权力。这些权力包括以下方面：

①调查取证权。GDPR 第 58（1）条中规定了数据合规监管机构的调查取证权，这使得数据合规监管机构可以获得所有在它们能够履行其职能过程中所必需的证据、材料和设施进入权。调查取证权还包括一种实际启动调查的机制，即通知数据控制人和数据处理人涉嫌违反 GDPR 规定的权力，监管人员还可以要求观察数据控制人和数据处理人在日常业务中的数据处理行为。在这种机制下，数据合规监管机构的执法权力是非常强的，因为这种调查取证完全不需要法院的相关授权，监管机构可以完全根据自己的主观判断，要求数据控制人或数据处理人披露所有与个人数据处理行为有关的任何信息，当然享受豁免权的信息除外，豁免信息包括法律专业信息（legal privilege）和自证其罪豁免权

（privilege from self-incrimination）。

②纠正权。GDPR 第 58（2）条中规定了数据合规监管机构对不合规的数据处理行为具有纠正权。这一纠正权涵盖了执法过程中可能要求被监管者进行的全部积极行为或消极行为，从允许数据合规监管机构就可疑的数据处理活动向数据控制人和数据处理人发出警告，到责令它们立即停止相关业务。

③授权和顾问权。GDPR 第 58（3）条中规定的授权和咨询权力涉及前面讨论过的数据监管机构在行业行为守则、认证、标志和印章领域的职责，以及在个人数据的国际转移过程中需要采取的保护措施（BCR、SCC）的咨询权和认可权。

④诉讼权。GDPR 第 58（5）条规定，数据监管机构将需要不时对数据控制人和数据处理人采取法律诉讼程序。拥有有效的诉讼权力是调查和纠正不合规行为的根本保障性权力。

（4）保护数据控制人和数据处理人免受不正当的监管活动的法律手段

数据合规监管机构作为代表公权力的机关，难免会在其执法行为中产生对民事主体的不法侵害或不当执法。对此，GDPR 第 78（1）条规定了对于数据合规监管机构的执法行为，任何个人或法人团体组织都可以就针对其自身的执法行为向法院提起诉讼。

4. 数据合规监管执法的管辖权与国际合作

GDPR 是一个在整个欧盟内都适用的欧盟强制性法律规范。考虑到欧盟境内人员、货物及服务在各欧盟成员国之间流动的便捷性，欧盟境内的商业主体经常会在不止一个欧盟国家开展业务。即便某商业主体的业务只涉及一个欧盟国家，其上下游供应链所涉及的国家也很有可能不止一个。因此，对于在欧盟境内开展业务的商业主体的数据合规监管就成了数据保护法律必须要解决的问题。对于此，GDPR 在三个层面上作出规定以实现数据监管机构在管辖权方面合作并保持管辖权的一致性。首先，GDPR 第 57（1）条规定了监管机构的一般合作义务，要求它们共同努力，以确保“GDPR 应用和执行的一致性”。其次，GDPR 第 60（1）条规定了跨境处理情况的合作义务，要求主要监管部门和其他有关部门在规定的情况下进行合作。最后，GDPR 第 63 条通过建立一致性机制，扩大责任范围。一致性机制的存在是为了促进 GDPR 的一致应用，要求数据合规监管机构相互合作，并在某些情况下与欧盟委员会合作。以下将详述这些规定的具体要求。

（1）数据合规监管机构对本国数据控制人和数据处理人的基本管辖权

根据 GDPR 第 55 条的规定，每个数据合规监管机构应有权在其自己成员国的领土内行使监管管辖权。虽然这一规定本身符合常识，也非常易于理解，但这里就会涉及一个问题，即：这意味着数据合规监管机构可以监管在其国土内设立的数据控制人和数据处理人，还是可以监管在其他地方设立的但在其国土内存在相关影响的数据控制人和数据处理人？尤其是当数据控制人或数据处理人参与跨境处理时，确定管辖权的情况就会变得更加复杂。在这种情况下，需要使用下面将要介绍的一站式管理原则（one-stop shop），即领导监督机构具有管辖权。不过需要注意的是，关于跨境数据处理的规则不适用于根据法律义务、为公共利益或为官方职能进行数据处理的公权力机构或私人机构（GDPR 第 55（3）条）。

（2）对于跨境数据处理的一站式管理（one-stop shop）

GDPR 第 4（23）条对跨境的数据处理行为作出了定义。在该条款下，跨境数据处理主要包含两种样态：第一种是关于跨国组织的，即在多个欧盟国家建立有主体的数据控制人或数据处理人，并且数据处理发生于不止一个跨国组织的相关主体中；第二种是虽然数据控制人或数据处理人仅在位于一个国家内的单一主体中进行数据处理，但该数据处理行为实质上影响或可能实质上影响位于多个欧盟成员国的数据主体。

根据 GDPR 第 56 条的规定，当数据控制人或数据处理人的数据处理行为涉及跨境数据处理时，数据控制人或数据处理人的

"主要所在地"的监管机构作为领导监督机构对相关数据处理行为具有管辖权。

对于"主要所在地"，GDPR第4（16）条给出了明确定义。对于数据控制人来说，GDPR关注的是处理个人数据的决策发生在哪里。通常，主要所在地是在数据控制人的中央管理机构所在地，但如果位于另一个地区的某个主体有权力采取和实施有关处理目的和方法的决定，则就会认定该地区为主要所在地。对于数据处理人，认定主要所在地的规则与数据控制人类似，但数据处理人并不直接作出关于处理个人数据目的和方法的决策，因此需要综合考虑其他能够对数据处理人的经营管理产生实际影响的因素以确定主要所在地。

根据GDPR第56（1）条，领导监督机构有义务对跨境数据处理行为进行监管，并且作为该跨境数据处理行为监管过程中唯一与数据控制人或数据处理人进行对话沟通的监管主体（GDPR第56（6）条）。但这并不意味着其他国家的数据合规监管机构就可以完全袖手旁观，GDPR第56（2）条规定，当位于其境内的数据主体对这种跨境数据处理行为进行投诉时，或这种跨境数据处理行为严重影响其领土内个人的自由和权利时，非领导监督机构也可以采取行动。在这种情况下，认为自己具有管辖权的数据合规监管机构需要通知领导监督机构，如果双方对管辖权具有争议，则需要按照GDPR第56（3）条的规则确定管辖权。由于GDPR第77（1）条赋予数据主体在向监管机构进行投诉时的自由选择权，因此这种向领导监督机构以外国家的监管机构进行投诉的事项经常发生。在这种情况下，必须依照 GDPR 第 56 条的规定确定管辖权，并且基于最终的管辖权确定情况，各数据合规监管机构需依照 GDPR 第 60 条、第 61 条、第 62 条的规定在管辖方面进行合作。

虽然 GDPR 在管辖权的确定方面作出了前述规定，但实践中确定管辖权时依然会出现很多模糊不清的情况。对于此，WP29 工作组发布了一站式管理的指导意见，该意见也被欧洲数据保护委员会（EDPB）采纳。该指导意见对 GDPR 第 4（23）条下实质性影响的含义进行了扩展，以适用位于单一成员国某主体的数据处理行为在多个成员国拥有实质性影响的情况。另外，该指导意见还对“主要所在地”的含义进行了延伸。

(3) 领导监督机构在跨境监管合作中的作用

在个人数据处理行为具有跨国属性时，领导监督机构就必须在监管中发挥积极的作用。根据 GDPR 第 60 条的规定，领导监督机构需要与位于各国的数据合规监管机构紧密合作。合作程序中最关键的部分是由领导机构向其他相关的数据合规监管机构提供对于某一数据合规事项的决定草案。根据 GDPR 第 60（3）和（4）条，其他数据合规监管机构可能对此草案发表评论或基于合理理由反对该草案，抑或同意该决定草案。其他数据监管机构的反对意见可能是针对实施纠正措施的实质性方案，也可能是针对罚款的数额。如果提出了合理的异议，领导监督机构可以选择根据 GDPR 第 60（5）条接受异议或依据 GDPR 第 60（4）条拒绝异议。如果领导监督机构接受异议，那么它必须发出一份修订后的决定草案。其他数据合规监管机构可以接受修改后的决定草案或提出另一份更加合理的反对意见。如果它们再次提出合理的反对意见，就会有另一项决定草案，从而这一进程将按照上述步骤继续下去，直到打破僵局形成最终一致的决定，当然在争议过大时这项工作也可能被提交给欧洲数据保护委员会（EDPB）来完成。如果领导监督机构否决了其他数据合规监管机构提出的异议，其须遵循 GDPR 第 60（4）条下的一致性机制。如果没有提出异议，则视为各监管机构之间达成一致，该决定草案即具有约束力（GDPR 第 60（6）条）。这些最终形成一致意见的决定将被领导监督机构依据 GDPR 第 60（7）条发送给涉及的数据控制人、数据处理人、有关国家的数据合规监管机构以及欧洲数据保护委员会（EDPB），并同时知会投诉的数据主体（若有的话）。在相关数据控制人和数据处理人在收到领导监督机构发送的处理决定后，有义务根据 GDPR 第 60（10）条的要求，向相关的监管机构及领导监督机构汇报其合规处置措施的采取和实施情况。

（4）数据合规监管机构的跨境合作机制

GDPR 第 61 条和第 62 条规定了位于各欧盟成员国内数据合规监管机构的跨区域合作义务。当数据控制人及数据处理人位于多个欧盟成员国或他们的数据处理行为涉及多个国家的数据主体时，依据 GDPR 第 62 条的规定，每个成员国的数据合规监管机构都有参与监管合作的权利和义务。而合作的核心在于 GDPR 第 61（1）条中关于执法合作和信息共享的规定，该条款规定各成员国的数据合规监管机构可以向其他成员国的数据合规监管机构发出清晰明确的协助请求。除了 GDPR 第 61（4）条的特殊情况外，收到协助请求的监管机构必须在 1 个月内通过合法的手段向提出请求的数据合规监管机构提供相应的协助。如果收到协助请求的监管机构在一个月内没有按照要求提供协助，则发出请求的数据合规监管机构可以采取临时措施，进而触发紧急程序。

紧急程序是指在某些特殊情况下，数据合规监管机构需要采取紧急措施保护个人的权利和自由。如果紧迫性足够大，可能没有足够的时间来执行 GDPR 第 60 条中的合作程序，在这种情况下，GDPR 第 66 条允许相关数据合规监管机构立即采取仅在其国土内产生法律影响的临时措施。这些临时措施的有效期为三个月。采取临时措施必须有充分的理由，并且采取这些临时措施的数据合规监管机构必须将该事项通报有关的其他国家的数据合规监管机构、欧洲数据保护委员会（EDPB）和欧盟委员会（EU Commission）。

（5）欧洲数据保护委员会（EDPB）在促进 GDPR 实施一致性方面的作用

GDPR 实施的一致性机制不仅包括跨境处理情况下执法的管

辖权争议，也包括通过创建监管建议和指导意见的方式确保 GDPR 在全欧盟范围内实施和法律解释的一致性，而 EDPB 则是一致性机制中的核心。根据 GDPR 第 68 条，EDPB 取代了在《95/46/EC 号指导》体系下的 WP29，成为发布监管指导和执法意见的核心机构。GDPR 第 64 条要求 EDPB 发布关于要求采用数据保护影响评估（DPIA）的数据处理操作、影响多个成员国的行业合规行为准则的情况清单、关于行业合规行为准则监督机构和认证机构的认可标准以及关于数据合规监管机构批准的合同专用条款（SCC）和公司约束规则（BCRs）授权的意见。此外，各国的数据合规监管机构及各欧盟委员会可以根据自身需求要求 EDPB 发布特定的指导性意见。

除了发布指导意见等法律解释规则促进 GDPR 实施和解释的一致性，EDPB 在争议解决方面也发挥着不可忽略的作用。GDPR 第 65 条规定，每当领导监督机构拒绝其他数据合规监管机构提出的有关跨境数据处理的决定意见时，或每当各国的数据合规监管机构之间就谁作为有管辖权的主要监管机构产生争议时，以及当数据合规监管机构未能将其关于数据保护影响评估（DPIA）清单、行业合规行为准则和国际转移机制的决定提交给 EDPB 时，就会触发这种争议解决机制。通过争议解决程序，EDPB 将通过一项有约束力的决定，从而对上述未决事项作出确定性的结论。

在争议解决和发布指导性文件外，GDPR 在第 70 条中还同时赋予了 EDPB 很多其他方面的工作职能，例如发布一般性建议和指导，调查法规是否有效运作，并通过向欧盟委员会提供建议来协助立法框架本身的发展。

5. GDPR 的处罚和制裁措施

GDPR 相比之前的欧盟数据保护立法的一项重大创新是在其第 83 条中规定了行政处罚罚款的确定标准。根据违法行为的性质和违法主体的实际情况，罚款可能会以固定数额的形式作出（在某些情况下最高为 1 000 万欧元，在其他情况下最高为 2 000 万欧元），或以全球年营业额的百分比的形式作出（一般为不超过 2%~4%）。有时，数据控制人或数据处理人可能会在多个欧盟国家违反 GDPR 的规定，并且可能违反了不止一项规定，但不论违法的性质为何，罚款总额不能超过为最严重的违规行为限定的罚款金额。

GDPR 第 83（4）条规定的处罚为 1 000 万欧元，或 2%的全球营业额（取二者中数额较高的），针对的行为包括以下方面：

①数据控制人和数据处理人违反 GDPR 的第 8 条（儿童同意数据处理的条件）、第 11 条（不需要识别身份的数据处理情况）、第 25 至 39 条（数据控制人和数据处理人的内部控制措施）、第 42 条和第 43 条（认证机制及认证机构）下的义务；

②认证机构违反 GDPR 第 42 条和第 43 条下的认证机构的义务；

③监督机构违反 GDPR 第 41（4）条关于监督行业合规准则的义务。

GDPR 第 83（5）条规定的处罚为 2 000 万欧元，或 4%的全球营业额（取二者中数额较高的），针对的行为包括以下方面：

①违反 GDPR 第 5 条、第 6 条、第 7 条和第 9 条的数据处理基本原则；

②违反 GDPR 第 12 至 22 条下关于数据主体权利的规定；

③违反 GDPR 第 44 至 49 条关于向欧盟外的第三国或国际组织的接收者转移个人数据需要采取的相关措施；

④违反根据 GDPR 第九章通过的欧盟成员国国内法律下的任何义务；

⑤未按 GDPR 第 58 条第（2）款的规定遵守行政执法命令，或违反第 58 条第（1）款的规定提供访问。

（1）罚款数额的相关因素

根据 GDPR 第 83（2）条的规定，数据合规监管机构在作出明确数额的罚款处罚前，需要考虑以下因素，从而使处罚行为达到有效性和适当性的处罚目标：

①在考虑到有关数据处理的性质、范围或目的的情况下，有关违法行为的性质、严重性和持续时间，以及所涉及的数据主体的数目和它们所造成的损害的程度；

②违法行为的故意或者过失性质；

③数据控制人或数据处理人是否有为减轻数据主体所受损害而采取的任何积极行动；

④考虑到根据GDPR第25条和第32条实施的技术和组织措施，数据控制人或数据处理人的违法责任程度；

⑤数据控制人或数据处理人是否存在违反数据保护法律的前科；

⑥数据控制人或数据处理人为了对违法行为进行补救及减轻违法可能带来的不利影响，与监管部门合作的程度；

⑦该违法行为所关乎的个人数据的类别；

⑧该违法行为被监管机构知晓的方式，主要是考虑数据控制人或数据处理人是否主动向监管机构告知所涉及的违法或可能违法的行为；

⑨是否之前已经就相同的事项对有关数据控制人或数据处理人采取了GDPR第58（2）条下的行政命令，以及数据控制人或数据处理人是否遵守了这些命令中要求他们采取的纠正措施；

⑩需要考虑能够约束数据控制人或数据处理人的，依据GDPR第40条制定的行业合规准则或依据GDPR第42条制定的认证机制；

⑪适用于违法事件情节的其他加重或减轻情节的因素，如在该行为中直接或间接获得的利益或避免的损失。

(2) 执法数据保护指导

GDPR 在执行过程中与《执法数据保护指导 2016/680》(LEDP 指导) 共同发挥作用，该指导涵盖了公权力部门执法的活动中应当履行的数据保护义务。除了没有 GDPR 中的领导监督机构概念、跨境数据处理相关的合作和一致性机制以及罚款处罚外，指导就像是一个 GDPR 的镜像监督和执行制度。

附录 1

数据隐私保护政策示例模版

CONTENTS

CLAUSE

[ADD A PREAMBLE IF REQUIRED]

1. Interpretation

1.1 Definitions:

Automated Decision-Making (ADM): when a decision is made which is based solely on Automated Processing (including profiling) which produces legal effects or significantly affects an individual. The GDPR prohibits Automated Decision-Making (unless certain conditions are met) but not Automated Processing.

Automated Processing: any form of automated processing of Personal Data consisting of the use of Personal Data to evaluate certain personal aspects relating to an individual, in particular to analyse or predict aspects concerning that individual's performance at work, economic situation, health, personal preferences, interests, reliability, behaviour, location or movements. Profiling is an example of Automated Processing.

Company name: [TRADING NAME AND GROUP COMPANIES' DETAILS IF NECESSARY].

Company Personnel: all employees, workers, contractors, agency workers, consultants, directors, members and others.

Consent: agreement which must be freely given, specific, informed and be an unambiguous indication of the Data Subject's wishes by which they, by a statement or by a clear positive action, signify agreement to the Processing of

Personal Data relating to them.

Controller: the person or organisation that determines when, why and how to process Personal Data. It is responsible for establishing practices and policies in line with the GDPR. We are the Controller of all Personal Data relating to our Company Personnel and Personal Data used in our business for our own commercial purposes.

Criminal Convictions Data: personal data relating to criminal convictions and offences, including personal data relating to criminal allegations and proceedings.

Data Subject: a living, identified or identifiable individual about whom we hold Personal Data. Data Subjects may be nationals or residents of any country and may have legal rights regarding their Personal Data.

Data Privacy Impact Assessment (DPIA): tools and assessments used to identify and reduce risks of a data processing activity. A DPIA can be carried out as part of Privacy by Design and should be conducted for all major system or business change programmes involving the Processing of Personal Data.

Data Protection Officer (DPO): either of the following:

a) the person required to be appointed in specific circumstances under the GDPR; or

b) where a mandatory DPO has not been appointed, a data privacy manager or other voluntary appointment of a DPO or the Company data privacy team with responsibility for data protection compliance.

Explicit Consent: consent which requires a very clear and specific statement (that is, not just action).

GDPR: the General Data Protection Regulation ((*EU*) 2016/679)

Personal Data: any information identifying a Data Subject or information relating to a Data Subject that we can identify (directly or indirectly) from that data alone or in combination with other identifiers we possess or can reasonably access. Personal Data includes Special Categories of Personal Data and Pseudonymised Personal Data but excludes anonymous data or data that has had the identity of an individual permanently removed. Personal data can be factual (for example, a name, email address, location or date of birth) or an opinion about that person's actions or behaviour. [Personal Data specifically includes, but is not limited to, [PERSONAL DATA CATEGORY LIST].]

Personal Data Breach: any act or omission that compromises the security, confidentiality, integrity or availability of Personal Data or the physical, technical, administrative or organisational safeguards that we or our third-party service providers put in place to protect it. The loss, or unauthorised access, disclosure or acquisition, of Personal Data is a Personal Data Breach.

Privacy by Design: implementing appropriate technical and organisational measures in an effective manner to ensure compliance with the GDPR.

Privacy Guidelines: the Company privacy and GDPR-related guidelines provided to assist in interpreting and implementing this Data Protection Policy and Related Policies, available [on the intranet[, here: [LINK TO PRIVACY GUIDELINES]] OR from your line manager OR from the HR Department OR from the DPO].

Privacy Notices (also referred to as Fair Processing Notices) or Privacy Policies: separate notices setting out information that may be provided to Data Subjects when the Company collects information about them. These notices may take the form of:

a) general privacy statements applicable to a specific group of individuals (for example, employee privacy notices or the website privacy policy); or

b) stand-alone, one-time privacy statements covering Processing related to a specific purpose.

Processing or Process: any activity that involves the use of Personal Data. It includes obtaining, recording or holding the data, or carrying out any operation or set of operations on the data including organising, amending, retrieving, using, disclosing, erasing or destroying it. Processing also includes transmitting or transferring Personal Data to third parties.

Pseudonymisation or Pseudonymised: replacing information that directly or indirectly identifies an individual with one or more artificial identifiers or pseudonyms so that the person to whom the data relates cannot be identified without the use of additional information which is meant to be kept separately and secure.

Related Policies: the Company's policies, operating procedures or processes related to this Data Protection Policy and designed to protect Personal Data, available [on the intranet[, here: [LINK TO LIST OF COMPANY'S RELATED POLICIES]] OR from your line manager OR from the DPO].

Special Categories of Personal Data: information revealing racial or ethnic origin, political opinions, religious or similar beliefs, trade union membership, physical or mental health conditions, sexual life, sexual orientation, biometric or genetic data. [The Company will treat the following types of data as if they are Special Categories of Personal Data: [DETAILS OF OTHER TYPES OF DATA THE COMPANY CONSIDERS SENSITIVE].]

2. Introduction

2.1 This Data Protection Policy sets out how [COMPANY NAME] ("we", "our", "us", "the Company") handle the Personal Data of our customers, suppliers, employees, workers and other third parties.

2.2 This Data Protection Policy applies to all Personal Data we Process regardless of the media on which that data is stored or whether it relates to past or present employees, workers, customers, clients or supplier contacts, shareholders, website users, or any other Data Subject.

2.3 This Data Protection Policy applies to all Company Personnel ("you", "your"). You must read, understand and comply with this Data Protection Policy when Processing Personal Data on our behalf and attend training on its requirements. This Data Protection Policy sets out what we expect from you for the Company to comply with applicable law. Your compliance with this Data Protection Policy is mandatory. Related Policies and Privacy Guidelines are available to help you interpret and act in accordance with this Data Protection Policy. You must also comply with all those Related Policies and Privacy Guidelines. Any breach of this Data Protection Policy may result in disciplinary action.

2.4 Where you have a specific responsibility in connection with Processing, such as capturing Consent, reporting a Personal Data Breach or conducting a DPIA as referenced in this Data Protection Policy or otherwise, then you must comply with the Related Policies and Privacy Guidelines.

2.5 This Data Protection Policy (together with Related Policies and Privacy Guidelines) is an internal document and cannot be shared with third parties, clients or regulators without prior authorisation from the DPO.

3. Scope

3.1 We recognise that the correct and lawful treatment of Personal Data will maintain confidence in the organisation and will provide for successful business operations. Protecting the confidentiality and integrity of Personal Data is a critical responsibility that we take seriously at all times. The Company is exposed to potential fines of up to £ 17.5 million or 4% of total worldwide annual turnover, whichever is higher and depending on the breach, for failure to comply with the provisions of the GDPR.

3.2 All [CEOs,] [individual business areas,] [units,] [departments,] [line managers,] [and] [[OTHER RESPONSIBLE PARTIES]] are responsible for ensuring all Company Personnel comply with this Data Protection Policy and need to implement appropriate practices, processes, controls and training to ensure that compliance.

3.3 The DPO is responsible for overseeing this Data Protection Policy and, as applicable, developing Related Policies and Privacy Guidelines. That post is held by [NAME], and they can be reached at [TELEPHONE NUMBER] and [EMAIL ADDRESS].

3.4 Please contact the DPO with any questions about the operation of this Data Protection Policy or the GDPR or if you have any concerns that this Data Protection Policy is not being or has not been followed. In particular, you must always contact the DPO in the following circumstances:

(a) if you are unsure of the lawful basis on which you are relying to process Personal Data (including the legitimate interests used by the Company) (see paragraph 5.1);

(b) if you need to rely on Consent or need to capture Explicit Consent (see paragraph 6;

(c) if you need to draft Privacy Notices (see paragraph 7);

(d) if you are unsure about the retention period for the Personal Data being Processed (see paragraph 11);

(e) if you are unsure what security or other measures you need to implement to protect Personal Data (see paragraph 12.1);

(f) if there has been a Personal Data Breach (paragraph 13);

(g) if you are unsure on what basis to transfer Personal Data outside the EU (see paragraph 14);

(h) if you need any assistance dealing with any rights invoked by a Data Subject (see paragraph 15);

(i) whenever you are engaging in a significant new, or change in, Processing activity which is likely to require a DPIA (see paragraph 19) or plan to use Personal Data for purposes other than for which it was collected;

(j) if you plan to undertake any activities involving Automated Processing including profiling or Automated Decision-Making (see paragraph 20);

(k) if you need help complying with applicable law when carrying out direct marketing activities (see paragraph 21); or

(l) if you need help with any contracts or other areas in relation to sharing Personal Data with third parties (including our vendors) (see paragraph 22).

4. Personal data protection principles

4.1 We adhere to the principles relating to Processing of Personal Data set out in the GDPR which require Personal Data to be:

(a) Processed lawfully, fairly and in a transparent manner (lawfulness, fairness and transparency);

(b) collected only for specified, explicit and legitimate purposes (purpose limitation);

(c) adequate, relevant and limited to what is necessary in relation to the purposes for which it is Processed (data minimisation);

(d) accurate and where necessary kept up to date (accuracy);

(e) not kept in a form which permits identification of Data Subjects for longer than is necessary for the purposes for which the data is Processed (storage limitation);

(f) Processed in a manner that ensures its security using appropriate technical and organisational measures to protect against unauthorised or unlawful Processing and against accidental loss, destruction or damage (security, integrity and confidentiality);

(g) not transferred to another country without appropriate safeguards in place (transfer limitation); and

(h) made available to Data Subjects and allow Data Subjects to exercise certain rights in relation to their Personal Data (data subject's rights and requests).

4.2 We are responsible for and must be able to demonstrate compliance with the data protection principles listed above (accountability).

5. Lawfulness, fairness and transparency

5.1 Personal data must be Processed lawfully, fairly and in a transparent manner in relation to the Data Subject.

5.2 You may only collect, Process and share Personal Data fairly and lawfully and for specified purposes. The GDPR restricts our actions regarding Personal Data to specified lawful purposes. These restrictions are not intended to prevent Processing but ensure that we Process Personal Data fairly and without adversely affecting the Data Subject.

5.3 The GDPR allows Processing for specific purposes, some of which are set out below:

(a) the Data Subject has given their Consent;

(b) the Processing is necessary for the performance of a contract with the Data Subject;

(c) to meet our legal compliance obligations;

(d) to protect the Data Subject's vital interests;

(e) to pursue our legitimate interests (or those of a third party) for purposes where they are not overridden because the Processing prejudices the interests or fundamental rights and freedoms of Data Subjects. The purposes for which we process Personal Data for legitimate interests need to be set out in applicable Privacy Notices; or

(f) [OTHER GDPR PROCESSING GROUNDS].

5.4 You must identify and document the legal ground being relied on for each Processing activity in accordance with the Company's guidelines on the Lawful Basis for Processing Personal Data, available [on the intranet[, here: [LINK TO THE COMPANY'S GUIDELINES ON THE LAWFUL BASIS FOR PROCESSING PERSONAL DATA]] OR from your line manager OR from the HR Department OR from the DPO].

6. Consent

6.1 A Controller must only process Personal Data on one or more of the lawful bases set out in the GDPR, which include Consent.

6.2 A Data Subject consents to Processing of their Personal Data if they indicate agreement clearly either by a statement or positive action to the Processing. Consent requires affirmative action, so silence, pre-ticked boxes or inactivity are unlikely to be sufficient. If Consent is given in a document which deals with other matters, then the Consent must be kept separate from those other matters.

6.3 A Data Subject must be easily able to withdraw Consent to Processing at any time and withdrawal must be promptly honoured. Consent may need to be refreshed if you intend to Process Personal Data for a different and incompatible purpose which was not disclosed when the Data Subject first consented.

6.4 When processing Special Category Data or Criminal Convictions Data, we will usually rely on a legal basis for processing other than Explicit Consent or Consent if possible. Where Explicit Consent is relied on, you must issue a Privacy Notice to the Data Subject to capture Explicit Consent.

6.5 You will need to evidence Consent captured and keep records of all Consents in accordance with Related Policies and Privacy Guidelines, so that the Company can demonstrate compliance with Consent requirements.

7. Transparency (notifying Data Subjects)

7.1 The GDPR requires a Controller to provide detailed, specific information to a Data Subject depending on whether the information was collected directly from the Data Subject or from elsewhere. The information must be provided through an appropriate Privacy Notice which must be concise, transparent, intelligible, easily accessible, and in clear and plain language so that a Data Subject can easily understand them.

7.2 Whenever we collect Personal Data directly from a Data Subject, including for HR or employment purposes, we must provide the Data Subject with all the information required by the GDPR including the identity of the Controller and DPO, and how and why we will use, Process, disclose, protect and retain that Personal Data through a Privacy Notice which must be presented when the Data Subject first provides the Personal Data.

7.3 When Personal Data is collected indirectly (for example, from a third party or publicly available source), we must provide the Data Subject with all the information required by the GDPR as soon as possible after collecting or receiving the data. We must also check that the Personal Data was collected by the third party in accordance with the GDPR and on a basis which contemplates our proposed Processing of that Personal Data.

7.4 If you are collecting Personal Data from a Data Subject, directly or indirectly, then you must provide the Data Subject with a Privacy Notice in accordance with our Related Policies and Privacy Guidelines.

7.5 [You must comply with the Company's guidelines on drafting Privacy Notices.]

8. Purpose limitation

8.1 Personal Data must be collected only for specified, explicit and legitimate purposes. It must not be further Processed in any manner incompatible with those purposes.

8.2 You cannot use Personal Data for new, different or incompatible purposes from that disclosed when it was first obtained unless you have informed the Data Subject of the new purposes and they have Consented where necessary.

9. Data minimisation

9.1 Personal Data must be adequate, relevant and limited to what is necessary in relation to the purposes for which it is Processed.

9.2 You may only Process Personal Data when performing your job duties requires it. You cannot Process Personal Data for any reason unrelated to your job duties.

9.3 You may only collect Personal Data that you require for your job duties: do not collect excessive data. Ensure any Personal Data collected is adequate and relevant for the intended purposes.

9.4 You must ensure that when Personal Data is no longer needed for specified purposes, it is deleted or anonymised in accordance with the Company's data retention guidelines.

10. Accuracy

10.1 Personal Data must be accurate and, where necessary, kept up to date. It must be corrected or deleted without delay when inaccurate.

10.2 You must ensure that the Personal Data we use and hold is accurate, complete, kept up to date and relevant to the purpose for which we collected it. You must check the accuracy of any Personal Data at the point of collection and at regular intervals afterwards. You must take all reasonable steps to destroy or amend inaccurate or out-of-date Personal Data.

11. Storage limitation

11.1 Personal Data must not be kept in an identifiable form for longer than is necessary for the purposes for which the data is processed.

11.2 The Company will maintain retention policies and procedures to ensure Personal Data is deleted after an appropriate time, unless a law requires that data to be kept for a minimum time. [You must comply with the Company's Data Retention Policy.]

11.3 You must not keep Personal Data in a form which permits the identification of the Data Subject for longer than needed for the legitimate business purpose or purposes for which we originally collected it including for the purpose of satisfying any legal, accounting or reporting requirements.

11.4 You will take all reasonable steps to destroy or erase from our systems all Personal Data that we no longer require in accordance with all the Company's applicable records retention schedules and policies. This includes requiring third parties to delete that data where applicable.

11.5 You will ensure Data Subjects are provided with information about the period for which data is stored and how that period is determined in any applicable Privacy Notice.

12. Security integrity and confidentiality

12.1 Personal Data must be secured by appropriate technical and organisational measures against unauthorised or unlawful Processing, and against accidental loss, destruction or damage.

12.2 We will develop, implement and maintain safeguards appropriate to our size, scope and business, our available resources, the amount of Personal Data that we own or maintain on behalf of others, and identified risks (including use of encryption and Pseudonymisation where applicable). We will regularly evaluate and test the effectiveness of those safeguards to ensure security of our Processing of Personal Data. You are responsible for protecting the Personal Data we hold. You must implement reasonable and appropriate security measures against unlawful or unauthorised Processing of Personal Data and against the accidental loss of, or damage to, Personal Data. You must exercise particular care in protecting Special Categories of Personal Data and Criminal Convictions Data from loss and unauthorised access, use or disclosure.

12.3 You must follow all procedures and technologies we put in place to maintain the security of all Personal Data from the point of collection to the point of destruction. You may only transfer Personal Data to third-party service providers who agree to comply with the required policies and procedures and who agree to put adequate measures in place, as requested.

12.4 You must maintain data security by protecting the confidentiality, integrity and availability of the Personal Data, defined as follows:

(a) Confidentiality: only people who have a need to know and are authorised to use the Personal Data can access it;

(b) Integrity: Personal Data is accurate and suitable for the purpose for which it is processed; and

(c) Availability: authorised users are able to access the Personal Data when they need it for authorised purposes.

12.5　You must [comply with all applicable aspects of our [NAME OF INFORMATION SECURITY PROGRAMME] and [NAME OF INFORMATION SECURITY POLICY] OR comply with and not attempt to circumvent the administrative, physical and technical safeguards we implement and maintain in accordance with the GDPR and relevant standards to protect Personal Data.

13. Reporting a Personal Data Breach

13.1　The GDPR requires Controllers to notify any Personal Data Breach to the Information Commissioner and, in certain instances, the Data Subject.

13.2　We have put in place procedures to deal with any suspected Personal Data Breach and will notify the Data Subject or any applicable regulator where we are legally required to do so.

13.3　If you know or suspect that a Personal Data Breach has occurred, do not attempt to investigate the matter yourself. Immediately contact the person or team designated as the key point of contact for Personal Data Breaches ([your line manager OR the DPO]) [and follow the Company's [NAME OF SECURITY INCIDENT RESPONSE PLAN]]. You should preserve all evidence relating to the potential Personal Data Breach.

14. Transfer limitation

14.1　The GDPR restricts data transfers to countries outside the EU to ensure that the level of data protection afforded to individuals by the GDPR is not undermined. You transfer Personal Data originating in one country across borders when you transmit, send, view or access that data in or to a different country.

14.2 You may only transfer Personal Data outside the EU if one of the following conditions applies:

(a) the EU has issued regulations confirming that the country to which we transfer the Personal Data ensures an adequate level of protection for the Data Subject's rights and freedoms;

(b) appropriate safeguards are in place such as binding corporate rules, standard contractual clauses approved for use in the EU, an approved code of conduct or a certification mechanism, a copy of which can be obtained from the DPO;

(c) the Data Subject has provided Explicit Consent to the proposed transfer after being informed of any potential risks; or

(d) the transfer is necessary for one of the other reasons set out in the GDPR including:

(i) the performance of a contract between us and the Data Subject;

(ii) reasons of public interest;

(iii) to establish, exercise or defend legal claims;

(iv) to protect the vital interests of the Data Subject where the Data Subject is physically or legally incapable of giving Consent; and

(v) in some limited cases, for our legitimate interest.

14.3 [You must comply with the Company's guidelines on cross-border data transfers.]

15. Data Subject's rights and requests

15.1 A Data Subject has rights when it comes to how we handle their Personal Data. These include rights to:

(a) withdraw Consent to Processing at any time;

(b) receive certain information about the Controller's Processing activities;

(c) request access to their Personal Data that we hold;

(d) prevent our use of their Personal Data for direct marketing purposes;

(e) ask us to erase Personal Data if it is no longer necessary in relation to the purposes for which it was collected or Processed or to rectify inaccurate data or to complete incomplete data;

(f) restrict Processing in specific circumstances;

(g) challenge Processing which has been justified on the basis of our legitimate interests or in the public interest;

(h) request a copy of an agreement under which Personal Data is transferred outside of the EU;

(i) object to decisions based solely on Automated Processing, including profiling (ADM);

(j) prevent Processing that is likely to cause damage or distress to the Data Subject or anyone else;

(k) be notified of a Personal Data Breach which is likely to result in high risk to their rights and freedoms;

(l) make a complaint to the supervisory authority;

(m) in limited circumstances, receive or ask for their Personal Data to be transferred to a third party in a structured, commonly used and machine-readable format; and

(n) [ANY OTHER RIGHTS YOUR TYPE OF BUSINESS MAY BE REQUIRED TO PROVIDE UNDER COMPANY POLICIES].

15.2 You must verify the identity of an individual requesting data under any of the rights listed above (do not allow third parties to persuade you into disclosing Personal Data without proper authorisation).

15.3 You must immediately forward any Data Subject request you receive to [your line manager OR the HR Department OR the DPO] [and comply with the Company's Response procedures for data subject requests].

16. Accountability

16.1 The Controller must implement appropriate technical and organisational measures in an effective manner to ensure compliance with data protection principles. The Controller is responsible for, and must be able to demonstrate, compliance with the data protection principles.

16.2 The Company must have adequate resources and controls in place to ensure and to document GDPR compliance including:

(a) appointing a suitably qualified DPO (where necessary) and an executive accountable for data privacy;

(b) implementing Privacy by Design when Processing Personal Data and completing DPIAs where Processing presents a high risk to rights and freedoms of Data Subjects;

(c) integrating data protection into internal documents including this Data Protection Policy, Related Policies, Privacy Guidelines or Privacy Notices;

(d) regularly training Company Personnel on the GDPR, this Data Protection Policy, Related Policies and Privacy Guidelines, and data protection matters including, for example, a Data Subject's rights, Consent, legal basis, DPIA and Personal Data Breaches. The Company must maintain a record of training attendance by Company Personnel; and

(e) regularly testing the privacy measures implemented and conducting periodic reviews and audits to assess compliance, including using results of testing to demonstrate compliance improvement effort.

17. Record keeping

17.1 The GDPR requires us to keep full and accurate records of all our data Processing activities.

17.2 You must keep and maintain accurate corporate records reflecting our Processing including records of Data Subjects' Consents and procedures for obtaining Consents [in accordance with the Company's record - keeping guidelines].

17.3 These records should include, at a minimum:

(a) the name and contact details of the Controller and the DPO; and

(b) clear descriptions of:

(i) the Personal Data types;

(ii) the Data Subject types;

(iii) the Processing activities;

(iv) the Processing purposes;

(v) the third-party recipients of the Personal Data;

(vi) the Personal Data storage locations;

(vii) the Personal Data transfers;

(viii) the Personal Data's retention period; and

(ix) the security measures in place.

17.4 To create the records, data maps should be created which should include the detail set out above together with appropriate data flows.

18. Training and audit

18.1 We are required to ensure all Company Personnel have undergone adequate training to enable them to comply with data privacy laws. We must also regularly test our systems and processes to assess compliance.

18.2 You must undergo all mandatory data privacy-related training and ensure your team undergoes similar mandatory training [in accordance with the Company's mandatory training guidelines].

18.3 You must regularly review all the systems and processes under your control to ensure they comply with this Data Protection Policy and check that adequate governance controls and resources are in place to ensure proper use and protection of Personal Data.

19. Privacy by Design and Data Protection Impact Assessment (DPIA)

19.1　We are required to implement Privacy by Design measures when Processing Personal Data by implementing appropriate technical and organisational measures (like Pseudonymisation) in an effective manner, to ensure compliance with data privacy principles.

19.2　You must assess what Privacy by Design measures can be implemented on all programmes, systems or processes that Process Personal Data by taking into account the following:

(a) The state of the art.

(b) The cost of implementation.

(c) The nature, scope, context and purposes of Processing.

(d) The risks of varying likelihood and severity for rights and freedoms of the Data Subject posed by the Processing.

19.3　The Controller must also conduct a DPIA in respect to high-risk Processing.

19.4　You should conduct a DPIA (and discuss your findings with the DPO) when implementing major system or business change programs involving the Processing of Personal Data including:

(a) Use of new technologies (programs, systems or processes), or changing technologies (programs, systems or processes).

(b) Automated Processing including profiling and ADM.

(c) Large - scale Processing of Special Categories of Personal Data or Criminal Convictions Data.

(d) Large-scale, systematic monitoring of a publicly accessible area.

19.5 A DPIA must include:

(a) A description of the Processing, its purposes and the Controller's legitimate interests if appropriate.

(b) An assessment of the necessity and proportionality of the Processing in relation to its purpose.

(c) An assessment of the risk to individuals.

(d) The risk mitigation measures in place and demonstration of compliance.

19.6 [You must comply with the Company's guidelines on DPIA and Privacy by Design.]

20. Automated Processing (including profiling) and Automated Decision-Making

20.1 Generally, ADM is prohibited when a decision has a legal or similar significant effect on an individual unless:

(a) a Data Subject has Explicitly Consented;

(b) the Processing is authorised by law; or

(c) the Processing is necessary for the performance of or entering into a contract.

20.2 If certain types of Special Categories of Personal Data or Criminal Convictions Data are being processed, then grounds (b) or (c) will not be allowed. However, the Special Categories of Personal Data and Criminal Convictions Data can be Processed where it is necessary (unless less intrusive means can be used) for substantial public interest like fraud prevention.

20.3 If a decision is to be based solely on Automated Processing (including profiling), then the Data Subject must be informed when you first communicate with them of their right to object. This right must be explicitly brought to their attention and presented clearly and separately from other information. Further, suitable measures must be put in place to safeguard the Data Subject's rights and freedoms and legitimate interests.

20.4 We must also inform the Data Subject of the logic involved in the decision making or profiling, the significance and the envisaged consequences, and give the Data Subject the right to request human intervention, express their point of view or challenge the decision.

20.5 A DPIA must be carried out before any Automated Processing (including profiling) or ADM activities are undertaken.

20.6 [Where you are involved in any data Processing activity that involves profiling or ADM, you must comply with the Company's guidelines on profiling or ADM.]

21. Direct marketing

21.1 We are subject to certain rules and privacy laws when marketing to our customers.

21.2 For example, a Data Subject's prior consent is required for electronic direct marketing (for example, by email, text or automated calls). The limited exception for existing customers known as "soft opt-in" allows an organisation to send marketing texts or emails if it:

(a) Has obtained contact details in the course of a sale to that person.

(b) Is marketing similar products or services.

(c) Gave the person an opportunity to opt out of marketing when first collecting the details and in every subsequent message.

21.3 The right to object to direct marketing must be explicitly offered to the Data Subject in an intelligible manner so that it is clearly distinguishable from other information.

21.4 A Data Subject's objection to direct marketing must be promptly honoured. If a customer opts out at any time, their details should be suppressed as soon as possible. Suppression involves retaining just enough information to ensure that marketing preferences are respected in the future.

21.5 [You must comply with the Company's guidelines on direct marketing to customers.]

22. Sharing Personal Data

22.1 Generally, we are not allowed to share Personal Data with third parties unless certain safeguards and contractual arrangements have been put in place.

22.2 You may only share the Personal Data we hold with another employee, agent or representative of our group (which includes our subsidiaries and our ultimate holding company along with its subsidiaries) if the recipient has a job-related need to know the information and the transfer complies with any applicable cross-border transfer restrictions.

22.3 You may only share the Personal Data we hold with third parties, such as our service providers, if:

(a) they have a need to know the information for the purposes of providing the contracted services;

(b) sharing the Personal Data complies with the Privacy Notice provided to the Data Subject and, if required, the Data Subject's Consent has been obtained;

(c) the third party has agreed to comply with the required data security standards, policies and procedures, and put adequate security measures in place;

(d) the transfer complies with any applicable cross-border transfer restrictions; and

(e) a fully executed written contract that contains GDPR-approved third party clauses has been obtained.

22.4 [You must comply with the Company's guidelines on sharing data with third parties.]

23. Changes to this Data Protection Policy

23.1 We keep this Data Protection Policy under regular review. [This version was last updated on [DATE].][Historic versions are available [on the intranet[, here: [LINK TO HISTORIC VERSIONS]] OR from your line manager OR from the HR Department OR from the DPO].]

23.2 This Data Protection Policy does not override any applicable national data privacy laws and regulations in countries where the Company operates. [Certain countries may have localised variances to this Data Protection Policy which are available on request to the DPO.]

24. Acknowledgement of receipt and review

I, [EMPLOYEE NAME], acknowledge that on [DATE], I received and read a copy of the [COMPANY NAME]'s [Data Protection Policy][, dated [EDITION DATE]] and understand that I am responsible for knowing and abiding by its terms. [I understand that the information in this Data Protection Policy is intended to help Company Personnel work together effectively on assigned job responsibilities and assist in the use and protection of Personal Data.] I understand that this Data Protection Policy does not set terms or conditions of employment or form part of an employment contract.

Signed ……………………………………………………………….

Printed name ………………………………………………………….

Date ……………………………………………………………….

附录 2

数据保留政策示例模版

CONTENTS

CLAUSE

ANNEX

[ADD A PREAMBLE IF REQUIRED]

1. ABOUT THIS POLICY

1.1 The corporate information, records and data of [ORGANISATION NAME] [and our subsidiaries] is important to how we conduct business and manage employees.

1.2 There are legal and regulatory requirements for us to retain certain data, usually for a specified amount of time. We also retain data to help our business operate and to have information available when we need it. However, we do not need to retain all data indefinitely, and retaining data can expose us to risk as well as be a cost to our business.

1.3 This Data Retention Policy explains our requirements to retain data and to dispose of data and provides guidance on appropriate data handling and disposal.

1.4 Failure to comply with this policy can expose us to fines and penalties, adverse publicity, difficulties in providing evidence when we need it and in running our business.

1.5 [This policy has been [agreed OR implemented following consultation] with the [TRADE UNION] OR [WORKS COUNCIL] OR [STAFF ASSOCIATION]].

1.6 This policy does not form part of any employee's contract of employment and we may amend it at any time.

2. SCOPE OF POLICY

2.1 This policy covers all data that we hold or have control over. This includes physical data such as hard copy documents, contracts, notebooks, letters and invoices. It also includes electronic data such as emails, electronic documents, audio and video recordings and CCTV recordings. It applies to both personal data and non-personal data. In this policy we refer to this information and these records collectively as "data".

2.2 This policy covers data that is held by third parties on our behalf, for example cloud storage providers or offsite records storage. It also covers data that belongs to us but is held by employees on personal devices [in accordance with our [BRING YOUR OWN DEVICE POLICY]].

2.3 This policy explains the differences between our formal or official records, disposable information, confidential information belonging to others, personal data and non-personal data. It also gives guidance on how we classify our data.

2.4 This policy applies to [[DESCRIPTION OF BUSINESS UNITS OR FUNCTIONS] OR all business units and functions] of [ORGANISATION NAME] in [GEOGRAPHIES].

2.5 [OTHER INFORMATION ABOUT SCOPE].

3. GUIDING PRINCIPLES

Through this policy, and our data retention practices, we aim to meet the following commitments:

- We comply with legal and regulatory requirements to retain data.
- We comply with our data protection obligations, in particular to keep personal data no longer than is necessary for the purposes for which it is processed (storage limitation principle).
- We handle, store and dispose of data responsibly and securely.
- We create and retain data where we need this to operate our business effectively, but we do not create or retain data without good business reason.
- We allocate appropriate resources, roles and responsibilities to data retention.
- We regularly remind employees of their data retention responsibilities.
- We regularly monitor and audit compliance with this policy and update this policy when required.

4. ROLES AND RESPONSIBILITIES

4.1 **Responsibility of all employees**. We aim to comply with the laws, rules, and regulations that govern our organisation and with recognised compliance good practices. All employees must comply with this policy, the Record Retention Schedule, any communications suspending data disposal and any specific instructions from the [Records Management Department OR [OTHER DESIGNATED FUNCTION]] and [Legal Department OR [OTHER DEPARTMENT]]. Failure to do so may subject us, our employees, and contractors to serious civil and/or criminal liability. An employee's failure to comply with this policy may result in disciplinary sanctions, including suspension or termination. It is therefore the responsibility of everyone to understand and comply with this policy.

4.2 [**Records Management Department and Records Management Officer OR [OTHER DESIGNATED FUNCTIONS]**]. The [Records Management Department OR [OTHER DESIGNATED FUNCTION]] is responsible for identifying the data that we must or should retain, and determining, in collaboration with the [Legal Department OR [OTHER DEPARTMENT]], the proper period of retention. It also arranges for the proper storage and retrieval of data, co-ordinating with outside vendors where appropriate. [Additionally, the [Records Management Department OR [OTHER DESIGNATED FUNCTION]] handles the destruction of [some] records whose retention period has expired.]

4.3 We have designated [EMPLOYEE NAME] as the [Records Management Officer OR [OTHER DESIGNATED ROLE]]. The [Records Management Officer OR [OTHER DESIGNATED ROLE]] is head of the [Records Management Department OR [OTHER DESIGNATED FUNCTION]] and is responsible for:

- Administering the data management programme;
- Helping department heads implement the data management programme and related best practices;
- Planning, developing, and prescribing data disposal policies, systems, standards, and procedures; and

• Providing guidance, training, monitoring and updating in relation to this policy.

4.4 [**Data Protection Officer.** Our Data Protection Officer (DPO) is responsible for advising on and monitoring our compliance with data protection laws which regulate personal data. Our DPO works with our [Records Management Department OR [OTHER DESIGNATED FUNCTION]] on the retention requirements for personal data and on monitoring compliance with this policy in relation to personal data.]

5. TYPES OF DATA AND DATA CLASSIFICATIONS

5.1 **Formal or official records.** Certain data is more important to us and is therefore listed in the Record Retention Schedule. This may be because we have a legal requirement to retain it, or because we may need it as evidence of our transactions, or because it is important to the running of our business. Please see paragraph 6.1 below for more information on retention periods for this type of data.

5.2 **Disposable information**. Disposable information consists of data that may be discarded or deleted at the discretion of the user once it has served its temporary useful purpose and/or data that may be safely destroyed because it is not a formal or official record as defined by this policy and the Record Retention Schedule. Examples may include:

• Duplicates of originals that have not been annotated.

• Preliminary drafts of letters, memoranda, reports, worksheets, and informal notes that do not represent significant steps or decisions in the preparation of an official record.

- Books, periodicals, manuals, training binders, and other printed materials obtained from sources outside of [ORGANISATION NAME] and retained primarily for reference purposes.
- Spam and junk mail.

Please see paragraph 6.2 below for more information on how to determine retention periods for this type of data.

5.3 **Personal data.** Both formal or official records and disposable information may contain personal data; that is, data that identifies living individuals. Data protection laws require us to retain personal data for no longer than is necessary for the purposes for which it is processed (principle of storage limitation). See paragraph 6.3 below for more information on this.

5.4 **Confidential information belonging to others**. Any confidential information that an employee may have obtained from a source outside of [ORGANISATION NAME], such as a previous employer, must not, so long as such information remains confidential, be disclosed to or used by us. Unsolicited confidential information submitted to us should be refused, returned to the sender where possible, and deleted, if received via the internet. Please see our [[CONFIDENTIALTY POLICY] OR [OTHER RELEVANT POLICY OR GUIDANCE]].

5.5 **Data classifications.** Some of our data is more confidential than other data. Our [[DATA CLASSIFICATION STANDARD] OR [OTHER

RELEVANT POLICY OR GUIDANCE]] explains how we classify data and how each type of data should be marked and protected. When complying with this policy, it is also important that you follow our [[DATA CLASSIFICATION STANDARD] OR [OTHER RELEVANT POLICY OR GUIDANCE]].

6. RETENTION PERIODS

6.1 **Formal or official records.** Any data that is part of any of the categories listed in the Record Retention Schedule contained in the Annex to this policy, must be retained for the amount of time indicated in the Record Retention Schedule. A record must not be retained beyond the period indicated in the Record Retention Schedule, unless a valid business reason (or notice to preserve documents for contemplated litigation or other special situation) calls for its continued retention. If you are unsure whether to retain a certain record, contact the [Records Management Officer OR [OTHER DESIGNATED ROLE]] or the [Legal Department OR [OTHER DEPARTMENT]].

6.2 **Disposable information.** The Record Retention Schedule will not set out retention periods for disposable information. This type of data should only be retained as long as it is needed for business purposes. Once it no longer has any business purpose or value it should be securely disposed of. [For guidance on how to make decisions on how long to retain disposable information, please see [FAQs OR [OTHER GUIDANCE OR WORKED EXAMPLES]].

6.3 **Personal data.** As explained above, data protection laws require us to retain personal data for no longer than is necessary for the purposes for which it is processed (principle of storage limitation). Where data is listed in the Record Retention Schedule, we have taken into account the principle of storage limitation and balanced this against our requirements to retain the data. Where data is disposable information, you must take into account the principle of storage limitation when deciding whether to retain this data. More information can be found in in our [[PRIVACY STANDARD] OR [OTHER RELEVANT POLICY]]. [For guidance on how to make decisions on how long to retain disposable information, please see [FAQs **OR** [OTHER GUIDANCE OR WORKED EXAMPLES].

6.4 **What to do if data is not listed in the Record Retention Schedule.** If data is not listed in the Record Retention Schedule, it is likely that it should be classed as disposable information. However, if you consider that there is an omission in the Record Retention Schedule, or if you are unsure, please contact the [Records Management Department OR [OTHER DESIGNATED FUNCTION]].

7. STORAGE, BACK-UP AND DISPOSAL OF DATA

7.1 **Storage.** Our data must be stored in a safe, secure, and accessible manner. Any documents and financial files that are essential to our business operations during an emergency must be duplicated and/or backed up at least once per week and maintained off site. [Please refer to our [BUSINESS CONTINUITY PLAN]].

7.2 **Destruction**. Our [Records Management Officer OR [OTHER DESIGNATED ROLE]] is responsible for the continuing process of identifying the data that has met its required retention period and supervising its destruction. The destruction of confidential, financial, and employee-related hard copy data must be conducted by shredding if possible. Non-confidential data may be destroyed by recycling. The destruction of electronic data must be co-ordinated with [the IT Department OR [OTHER DEPARTMENT]].

7.3 The destruction of data must stop immediately upon notification from [the Legal Department OR [OTHER DEPARTMENT]] that preservation of documents for contemplated litigation is required (sometimes referred to as a litigation hold). This is because we may be involved in a legal claim or an official investigation (see next paragraph). Destruction may begin again once [the Legal Department OR [OTHER DEPARTMENT]] lifts the requirement for preservation.

8. SPECIAL CIRCUMSTANCES

8.1 **Preservation of documents for contemplated litigation and other special situations.** We require all employees to comply fully with our Record Retention Schedule and procedures as provided in this policy. All employees should note the following general exception to any stated destruction schedule: If you believe, or [the Legal Department OR [OTHER DEPARTMENT]] informs you, that certain records are relevant to current litigation or contemplated litigation (that is, a dispute that could result in litigation), government investigation, audit, or other event, you must preserve and not delete, dispose, destroy, or change those records, including emails and other electronic documents, until [the Legal Department OR [OTHER DEPARTMENT]] determines those records are no longer needed. Preserving documents includes suspending any requirements in the Record Retention Schedule and preserving the integrity of the electronic files or other format in which the records are kept.

8.2 If you believe this exception may apply, or have any questions regarding whether it may apply, please contact [the Legal Department OR [OTHER DEPARTMENT]].

8.3 In addition, you may be asked to suspend any routine data disposal procedures in connection with certain other types of events, such as our merger with another organisation or the replacement of our information technology systems.

9. WHERE TO GO FOR ADVICE AND QUESTIONS

Questions about the policy. [Any questions about retention periods relevant to your [function OR department] should be raised with your [function OR department] [data retention lead OR [OTHER RELEVANT ROLE]]. Any questions about this policy should be referred to [NAME] [(PHONE NUMBER; EMAIL ADDRESS)], who is in charge of administering, enforcing, and updating this policy.

10. BREACH REPORTING AND AUDIT

10.1 **Reporting policy breaches.** We are committed to enforcing this policy as it applies to all forms of data. The effectiveness of our efforts, however, depend largely on employees. If you feel that you or someone else may have breached this policy, you should report the incident immediately to your supervisor. If you are not comfortable bringing the matter up with your immediate supervisor, or do not believe the supervisor has dealt with the matter properly, you should raise the matter with the [Records Management Officer OR manager at the next level above your direct supervisor OR [OTHER RELEVANT ROLE]]. If employees do not report inappropriate conduct, we may not become aware of a possible breach of this policy and may not be able to take appropriate corrective action.

10.2 No one will be subject to and we do not allow, any form of discipline, reprisal, intimidation, or retaliation for reporting incidents of inappropriate conduct of any kind, pursuing any record destruction claim, or co-operating in related investigations.

10.3 **Audits**. Our [General Counsel OR [OTHER RELEVANT ROLES]] [and the Records Management Officer] will periodically review this policy and its procedures (including where appropriate by taking outside legal or auditor advice to ensure we are in compliance with relevant new or amended laws, regulations or guidance. Additionally, we will regularly monitor compliance with this policy, including by carrying out audits.

11. OTHER RELEVANT POLICIES

This policy supplements and should be read in conjunction with our other policies and procedures in force from time to time, including without limitation our:

- [IT and communications systems policy].
- [IT acceptable use policy].
- [Privacy standard OR Data protection policy].
- [Confidentiality policy].
- [Data classification policy].
- [Business continuity policy].
- And other IT, security and data related policies, which are available [on the intranet OR [LOCATION]].

12. [ACKNOWLEDGEMENT OF RECEIPT AND REVIEW

[I, ____________________ [EMPLOYEE NAME], acknowledge that on ____________________ [DATE], I received a copy of [EMPLOYER NAME]'s Data Retention Policy and that I read it, understood it, and agree to comply with it. This policy does not set terms or conditions of employment or form part of an employment contract.

....

Signature

....

Printed name

……………………………………………

Date]]

ANNEX A [DEFINITIONS]

Data: all data that we hold or have control over and therefore to which this policy applies. This includes physical data such as hard copy documents, contracts, notebooks, letters and invoices. It also includes electronic data such as emails, electronic documents, audio and video recordings and CCTV recordings. It applies to both personal data and non-personal data. In this policy we refer to this information and these records collectively as "data".

[**Data Protection Officer**: our Data Protection Officer who is responsible for advising on and monitoring compliance with data protection laws.]

Data Retention Policy: this policy, which explains our requirements to retain data and to dispose of data and provides guidance on appropriate data handling and disposal.

Disposable information: disposable information consists of data that may be discarded or deleted at the discretion of the user once it has served its temporary useful purpose and/or data that may be safely destroyed because it is not a formal or official record as defined by this policy and the Record Retention Schedule.

Formal or official record: certain data is more important to us and is therefore listed in the Record Retention Schedule. This may be because we have a legal requirement to retain it, or because we may need it as evidence of our transactions, or because it is important to the running of our business. We refer to this as formal or official records or data.

Non-personal data: data which does not identify living individuals, either because it is not about living individuals (for example financial records) or because it has been fully anonymised.

Personal data: any information identifying a living individual or information relating to a living individual that we can identify (directly or indirectly) from that data alone or in combination with other identifiers we possess or can reasonably access. This includes special categories of personal data such as health data and pseudonymised personal data but excludes anonymous data or data that has had the identity of an individual permanently removed. Personal data can be factual (for example, a name, email address, location or date of birth) or an opinion about that person's actions or behaviour.

[**Records Management Department**: the department responsible for identifying the data that we must or should retain, and determining, in collaboration with the [Legal Department OR [OTHER DEPARTMENT]], the proper period of retention. It also arranges for the proper storage and retrieval of data, co-ordinating with outside vendors where appropriate and handles the destruction of [some] records whose retention period has expired.]

[**Records Management Officer**: the Records Management Officer is head of the Records Management Department and is responsible for administering the data management programme, helping department heads implement it and related best practices, planning, developing, and prescribing data disposal policies, systems, standards, and procedures and providing guidance, training, monitoring and updating in relation to this policy.]

Record Retention Schedule: the schedule attached to this policy which sets out retention periods for our formal or official records.

Storage limitation principle: data protection laws require us to retain personal data for no longer than is necessary for the purposes for which it is processed. This is referred to in the GDPR as the principle of storage limitation.

ANNEX B [RECORD RETENTION SCHEDULE]

[ORGANISATION NAME] establishes retention or destruction schedules or procedures for specific categories of data. This is done to ensure legal compliance (for example with our data protection obligations) and accomplish other objectives, such as protecting intellectual property and controlling costs.

Employees should comply with the retention periods listed in the record retention schedule below, in accordance with the [ORGANISATION NAME] Data Retention Policy[LINK].

If you hold data not listed below, please refer to the [ORGANISATION NAME] Data Retention Policy [LINK TO SECTION ON DISPOSABLE RECORDS]. If you still consider your data should be listed, if you become aware of any changes that may affect the periods listed below or if you have any other questions about this record retention schedule, please contact [NAME

AND CONTACT DETAILS OF RELEVANT PERSON OR TEAM].

TYPE OF DATA	RETENTION PERIOD	REASON/COMMENTS
[OVERARCHING CATEGORY] for example [Recruitment records OR Payroll records OR Corporate records OR Supplier contracts]		
[SUBCATEGORY] [for example [Application forms OR Expenses claims OR Board minutes OR Signed contracts]].	[RETENTION PERIOD] [for example [Six months after notifying candidates of the outcome of the recruitment exercise OR A minimum of three years after the end of the tax year to which they relate OR Seven years after employment ends OR A minimum of [NUMBER] years and a maximum of [NUMBER] years]].	[INSERT REASON FOR RETENTION PERIOD] [for example [Section [NUMBER] [NAME OF ACT]] OR Regulatory guidance from [NAME OF REGULATOR] OR [BEST PRACTICE]].

附录 3

网站 cookies 政策示例模版

Cookie Policy

Our website uses cookies to distinguish you from other users of our website. This helps us to provide you with a good experience when you browse our website and also allows us to improve our site.

A cookie is a small file of letters and numbers that we store on your browser or the hard drive of your computer if you agree. Cookies contain information that is transferred to your computer's hard drive.

We use the following cookies:

- Strictly necessary cookies. These are cookies that are required for the operation of our website. They include, for example, cookies that enable you to log into secure areas of our website, use a shopping cart or make use of e-billing services.

- Analytical or performance cookies. These allow us to recognise and count the number of visitors and to see how visitors move around our website when they are using it. This helps us to improve the way our website works, for example, by ensuring that users are finding what they are looking for easily.

- Functionality cookies. These are used to recognise you when you return to our website. This enables us to personalise our content for you, greet you by name and remember your preferences (for example, your choice of language or region).

- Targeting cookies. These cookies record your visit to our website, the pages you have visited and the links you have followed. We will use this information to make our website and the advertising displayed on it more relevant to your interests. [We may also share this information with third parties for this purpose.]

You can find more information about the individual cookies we use and the purposes for which we use them in the table below:

Cookie Title Cookie Name	Purpose	More information
[COOKIE TITLE] [COOKIE NAME]	[DESCRIPTION OF THE PURPOSE FOR WHICH THE COOKIE IS USED AND ITS DURATION] Examples of purposes for which a cookie may be used: This cookie [is essential for our site toOR enables us to]: [(a) Estimate our audience size and usage pattern.] [(b) Store information about your preferences, and so allow us to customiseour site and to provide you with offers that are targeted to your individual interests.] [(c) Speed up your searches.] [(d) Recognise you when you return to our site.]	[LINK TO EXTERNAL INFORMATION WHERE APPROPRIATE]

续表

Cookie Title Cookie Name	Purpose	More information
[COOKIE TITLE] [COOKIE NAME]	[(e) Allow you to use our site in a way that makes your browsing experience more convenient, for example, by allowing you to store items in an electronic shopping basket between visits. If you register with us or complete our online forms, we will use cookies to remember your details during your current visit, and any future visits provided the cookie was not deleted in the interim.] [(f) [OTHER PURPOSES].]	[LINK TO EXTERNAL INFORMATION WHERE APPROPRIATE]

[Please note that the following third parties may also use cookies, over which we have no control. These named third parties may include, for example, advertising networks and providers of external services like web traffic analysis services. Thesethird party cookies are likely to be analytical cookies or performance cookies or targeting cookies:

[NAME THIRD PARTIES]

To deactivate the use ofthird party advertising cookies, you may visit the consumer page to manage the use of these types of cookies [include link to consent management solution]].

OR

[We do not share the information collected by the cookies with any third parties.]

You can choose which analytical, functionality and targeting cookies we can set by clicking on the button(s):

Strictly essential cookiesOFF

Analytical or performance cookiesOFF

Functionality cookiesOFF

Targeting cookiesOFF

However, if you use your browser settings to block all cookies (including essential cookies) you may not be able to access all or parts of our website.

Except for essential cookies, all cookies will expire after [EXPIRY PERIOD].

附录 4

欧盟数据跨境标准合同模版

EUROPEAN
COMMISSION

Brussels 4.6.2021

C(2021)3972 final

ANNEX

ANNEX

to the

COMMISSION IMPLEMENTNG DECISION

on standard contractual clauses for the transfer of personal data to third countries pursuant to Regulation (EU) 2016/679 of the European Parliament and of the Council

ANNEX

STANDARD CONTRACTUAL CLAUSES

SECTION I

Clause 1

Purpose and scope

(a) The purpose of these standard contractual clauses is to ensure compliance with the requirements of Regulation (EU) 2016/679 of the European Parliament and of the Council of 27 April 2016 on the protection of natural persons with regard to the processing of personal data and on the free movement of such data (General Data Protection Regulation)① for the transfer of personal data to a third country.

(b) The Parties:

---

① Where the data exporter is a processor subject to Regulation (EU) 2016/679 acting on behalf of a Union institution or body as controller, reliance on these Clauses when engaging another processor (sub-processing) not subject to Regulation (EU) 2016/679 also ensures compliance with Article 29(4) of Regulation (EU) 2018/1725 of the European Parliament and of the Council of 23 October 2018 on the protection of natural persons with regard to the processing of personal data by the Union institutions, bodies, offices and agencies and on the free movement of such data, and repealing Regulation (EC) No 45/2001 and Decision No 1247/2002/EC (OJ L 295 of 21.11.2018, p. 39), to the extent these Clauses and the data protection obligations as set out in the contract or other legal act between the controller and the processor pursuant to Article 29(3) of Regulation (EU) 2018/1725 are aligned. This will in particular be the case where the controller and processor rely on the standard contractual clauses included in Decision [...].

(i) the natural or legal person(s), public authority/ies, agency/ies or other body/ies (hereinafter "entity/ies") transferring the personal data, as listed in Annex I.A. (hereinafter each "data exporter"), and

(ii) the entity/ies in a third country receiving the personal data from the data exporter, directly or indirectly via another entity also Party to these Clauses, as listed in Annex I.A. (hereinafter each "data importer")

have agreed to these standard contractual clauses (hereinafter: "Clauses").

(c) These Clauses apply with respect to the transfer of personal data as specified in Annex I.B.

(d) The Appendix to these Clauses containing the Annexes referred to therein forms an integral part of these Clauses.

Clause 2

Effect and invariability of the Clauses

(a) These Clauses set out appropriate safeguards, including enforceable data subject rights and effective legal remedies, pursuant to Article 46(1) and Article 46 (2)(c) of Regulation (EU) 2016/679 and, with respect to data transfers from controllers to processors and/or processors to processors, standard contractual clauses pursuant to Article 28(7) of Regulation (EU) 2016/679, provided they are not modified, except to select the appropriate Module(s) or to add or update information in the Appendix. This does not prevent the Parties from including the standard contractual clauses laid down in these Clauses in a wider contract and/or to add other clauses or additional safeguards, provided that they do not contradict, directly or indirectly, these Clauses or prejudice the fundamental rights or freedoms of data subjects.

(b) These Clauses are without prejudice to obligations to which the data exporter is subject by virtue of Regulation (EU) 2016/679.

Clause 3

Third-party beneficiaries

(a) Data subjects may invoke and enforce these Clauses, as third-party beneficiaries, against the data exporter and/or data importer, with the following exceptions:

(i) Clause 1, Clause 2, Clause 3, Clause 6, Clause 7;

(ii) Clause 8-Module One: Clause 8.5 (e) and Clause 8.9(b); Module Two: Clause 8.1(b), 8.9(a), (c), (d) and (e); Module Three: Clause 8.1(a), (c) and (d) and Clause 8.9(a), (c), (d), (e), (f) and (g); Module Four: Clause 8.1 (b) and Clause 8.3(b);

(iii) Clause 9-Module Two: Clause 9(a), (c), (d) and (e); Module Three: Clause 9(a), (c), (d) and (e);

(iv) Clause 12-Module One: Clause 12(a) and (d); Modules Two and Three: Clause 12(a), (d) and (f);

(v) Clause 13;

(vi) Clause 15.1(c), (d) and (e);

(vii) Clause 16(e);

(viii) Clause 18-Modules One, Two and Three: Clause 18(a) and (b); Module Four: Clause 18.

(b) Paragraph (a) is without prejudice to rights of data subjects under Regulation (EU) 2016/679.

Clause 4

Interpretation

(a) Where these Clauses use terms that are defined in Regulation (EU) 2016/679, those terms shall have the same meaning as in that Regulation.

(b) These Clauses shall be read and interpreted in the light of the provisions of Regulation (EU) 2016/679.

(c) These Clauses shall not be interpreted in a way that conflicts with rights and obligations provided for in Regulation (EU) 2016/679.

Clause 5

Hierarchy

In the event of a contradiction between these Clauses and the provisions of related agreements between the Parties, existing at the time these Clauses are agreed or entered into thereafter, these Clauses shall prevail.

Clause 6

Description of the transfer(s)

The details of the transfer(s), and in particular the categories of personal data that are transferred and the purpose(s) for which they are transferred, are specified in Annex I.B.

Clause 7-Optional

Docking clause

(a) An entity that is not a Party to these Clauses may, with the agreement of the Parties, accede to these Clauses at any time, either as a data exporter or as a data importer, by completing the Appendix and signing Annex I.A.

(b) Once it has completed the Appendix and signed Annex I.A, the acceding entity shall become a Party to these Clauses and have the rights and obligations of a data exporter or data importer in accordance with its designation in Annex I.A.

(c) The acceding entity shall have no rights or obligations arising under these Clauses from the period prior to becoming a Party.

SECTION II–OBLIGATIONS OF THE PARTIES

Clause 8

Data protection safeguards

The data exporter warrants that it has used reasonable efforts to determine that the data importer is able, through the implementation of appropriate technical and organisational measures, to satisfy its obligations under these Clauses.

MODULE ONE: Transfer controller to controller

8.1 Purpose limitation

The data importer shall process the personal data only for the specific purpose(s) of the transfer, as set out in Annex I.B. It may only process the personal data for another purpose:

(i) where it has obtained the data subject's prior consent;

(ii) where necessary for the establishment, exercise or defence of legal claims in the context of specific administrative, regulatory or judicial proceedings; or

(iii) where necessary in order to protect the vital interests of the data subject or of another natural person.

8.2 Transparency

(a) In order to enable data subjects to effectively exercise their rights pursuant to Clause 10, the data importer shall inform them, either directly or through the data exporter:

(i) of its identity and contact details;

(ii) of the categories of personal data processed;

(iii) of the right to obtain a copy of these Clauses;

(iv) where it intends to onward transfer the personal data to any third party/ies, of the recipient or categories of recipients (as appropriate with a view to providing meaningful information), the purpose of such onward transfer and the ground therefore pursuant to Clause 8.7.

(b) Paragraph (a) shall not apply where the data subject already has the information, including when such information has already been provided by the data exporter, or providing the information proves impossible or would involve a disproportionate effort for the data importer. In the latter case, the data importer shall, to the extent possible, make the information publicly available.

(c) On request, the Parties shall make a copy of these Clauses, including the Appendix as completed by them, available to the data subject free of charge. To the extent necessary to protect business secrets or other confidential information, including personal data, the Parties may redact part of the text of the Appendix prior to sharing a copy, but shall provide a meaningful summary where the data subject would otherwise not be able to understand its content or exercise his/her rights. On request, the Parties shall provide the data subject with the reasons for the redactions, to the extent possible without revealing the redacted information.

(d) Paragraphs (a) to (c) are without prejudice to the obligations of the data exporter under Articles 13 and 14 of Regulation (EU) 2016/679.

8.3 Accuracy and data minimisation

(a) Each Party shall ensure that the personal data is accurate and, where necessary, kept up to date. The data importer shall take every reasonable step to ensure that personal data that is inaccurate, having regard to the purpose(s) of processing, is erased or rectified without delay.

(b) If one of the Parties becomes aware that the personal data it has transferred or received is inaccurate, or has become outdated, it shall inform the other Party without undue delay.

(c) The data importer shall ensure that the personal data is adequate, relevant and limited to what is necessary in relation to the purpose(s) of processing.

8.4 Storage limitation

The data importer shall retain the personal data for no longer than necessary for the purpose(s) for which it is processed. It shall put in place appropriate technical or organisational measures to ensure compliance with this obligation, including erasure or anonymisation① of the data and all back-ups at the end of the retention period.

8.5 Security of processing

(a) The data importer and, during transmission, also the data exporter

---

① This requires rendering the data anonymous in such a way that the individual is no longer identifiable by anyone, in line with recital 26 of Regulation (EU) 2016/679, and that this process is irreversible.

shall implement appropriate technical and organisational measures to ensure the security of the personal data, including protection against a breach of security leading to accidental or unlawful destruction, loss, alteration, unauthorised disclosure or access (hereinafter "personal data breach"). In assessing the appropriate level of security, they shall take due account of the state of the art, the costs of implementation, the nature, scope, context and purpose(s) of processing and the risks involved in the processing for the data subject. The Parties shall in particular consider having recourse to encryption or pseudonymisation, including during transmission, where the purpose of processing can be fulfilled in that manner.

(b) The Parties have agreed on the technical and organisational measures set out in Annex II. The data importer shall carry out regular checks to ensure that these measures continue to provide an appropriate level of security.

(c) The data importer shall ensure that persons authorised to process the personal data have committed themselves to confidentiality or are under an appropriate statutory obligation of confidentiality.

(d) In the event of a personal data breach concerning personal data processed by the data importer under these Clauses, the data importer shall take appropriate measures to address the personal data breach, including measures to mitigate its possible adverse effects.

(e) In case of a personal data breach that is likely to result in a risk to the rights and freedoms of natural persons, the data importer shall without undue delay notify both the data exporter and the competent supervisory authority pursuant to Clause 13. Such notification shall contain i) a description of the nature of the breach (including, where possible, categories and approximate number of data subjects and personal data records concerned), ii) its likely consequences, iii) the measures taken or proposed to address the breach, and iv) the details of a contact point from whom more information can be obtained. To the extent it is not possible for the data importer to provide all the information at the same time, it may do so in phases without undue further delay.

(f) In case of a personal data breach that is likely to result in a high risk to the rights and freedoms of natural persons, the data importer shall also notify without undue delay the data subjects concerned of the personal data breach and its nature, if necessary in cooperation with the data exporter, together with the information referred to in paragraph (e), points ii) to iv), unless the data importer has implemented measures to significantly reduce the risk to the rights or freedoms of natural persons, or notification would involve disproportionate efforts. In the latter case, the data importer shall instead issue a public communication or take a similar measure to inform the public of the personal data breach.

(g) The data importer shall document all relevant facts relating to the personal data breach, including its effects and any remedial action taken, and keep a record thereof.

8.6 Sensitive data

Where the transfer involves personal data revealing racial or ethnic origin, political opinions, religious or philosophical beliefs, or trade union membership, genetic data, or biometric data for the purpose of uniquely identifying a natural person, data concerning health or a person's sex life or sexual orientation, or data relating to criminal convictions or offences (hereinafter "sensitive data"), the data importer shall apply specific restrictions and/or additional safeguards adapted to the specific nature of the data and the risks involved. This may include restricting the personnel permitted to access the personal data, additional security measures (such as pseudonymisation) and/or additional restrictions with respect to further disclosure.

8.7 Onward transfers

The data importer shall not disclose the personal data to a third party located outside the European Union① (in the same country as the data importer or in another third country, hereinafter "onward transfer") unless the third party is or agrees to be bound by these Clauses, under the appropriate Module. Otherwise, an onward transfer by the data importer may only take place if:

(i) it is to a country benefitting from an adequacy decision pursuant to Article 45 of Regulation (EU) 2016/679 that covers the onward transfer;

---

① The Agreement on the European Economic Area (EEA Agreement) provides for the extension of the European Union's internal market to the three EEA States Iceland, Liechtenstein and Norway. The Union data protection legislation, including Regulation (EU) 2016/679, is covered by the EEA Agreement and has been incorporated into Annex XI thereto. Therefore, any disclosure by the data importer to a third party located in the EEA does not qualify as an onward transfer for the purpose of these Clauses.

(ii) the third party otherwise ensures appropriate safeguards pursuant to Articles 46 or 47 of Regulation (EU) 2016/679 with respect to the processing in question;

(iii) the third party enters into a binding instrument with the data importer ensuring the same level of data protection as under these Clauses, and the data importer provides a copy of these safeguards to the data exporter;

(iv) it is necessary for the establishment, exercise or defence of legal claims in the context of specific administrative, regulatory or judicial proceedings;

(v) it is necessary in order to protect the vital interests of the data subject or of another natural person; or

(vi) where none of the other conditions apply, the data importer has obtained the explicit consent of the data subject for an onward transfer in a specific situation, after having informed him/her of its purpose(s), the identity of the recipient and the possible risks of such transfer to him/her due to the lack of appropriate data protection safeguards. In this case, the data importer shall inform the data exporter and, at the request of the latter, shall transmit to it a copy of the information provided to the data subject.

Any onward transfer is subject to compliance by the data importer with all the other safeguards under these Clauses, in particular purpose limitation.

8.8 Processing under the authority of the data importer

The data importer shall ensure that any person acting under its authority, including a processor, processes the data only on its instructions.

8.9 Documentation and compliance

(a) Each Party shall be able to demonstrate compliance with its obligations under these Clauses. In particular, the data importer shall keep appropriate documentation of the processing activities carried out under its responsibility.

(b) The data importer shall make such documentation available to the competent supervisory authority on request.

MODULE TWO: Transfer controller to processor

8.1 Instructions

(a) The data importer shall process the personal data only on documented instructions from the data exporter. The data exporter may give such instructions throughout the duration of the contract.

(b) The data importer shall immediately inform the data exporter if it is unable to follow those instructions.

8.2 Purpose limitation

The data importer shall process the personal data only for the specific purpose(s) of the transfer, as set out in Annex I. B, unless on further instructions from the data exporter.

8.3 Transparency

On request, the data exporter shall make a copy of these Clauses, including the Appendix as completed by the Parties, available to the data subject free of charge. To the extent necessary to protect business secrets or other confidential information, including the measures described in Annex II and personal data, the data exporter may redact part of the text of the Appendix to these Clauses prior to sharing a copy, but shall provide a meaningful summary where the data subject would otherwise not be able to understand the its content or exercise his/her rights. On request, the Parties shall provide the data subject with the reasons for the redactions, to the extent possible without revealing the redacted information. This Clause is without prejudice to the obligations of the data exporter under Articles 13 and 14 of Regulation (EU) 2016/679.

8.4 Accuracy

If the data importer becomes aware that the personal data it has received is inaccurate, or has become outdated, it shall inform the data exporter without undue delay. In this case, the data importer shall cooperate with the data exporter to erase or rectify the data.

8.5 Duration of processing and erasure or return of data

Processing by the data importer shall only take place for the duration specified in Annex I. B. After the end of the provision of the processing services, the data importer shall, at the choice of the data exporter, delete all personal data processed on behalf of the data exporter and certify to the data exporter that it has done so, or return to the data exporter all personal data processed on its behalf and delete existing copies. Until the data is deleted or returned, the data importer shall continue to ensure compliance with these Clauses. In case of local laws applicable to the data importer that prohibit return or deletion of the personal data, the data importer warrants that it will continue to ensure compliance with these Clauses and will only process it to the extent and for as long as required under that local law. This is without prejudice to Clause 14, in particular the requirement for the data importer under Clause 14 (e) to notify the data exporter throughout the duration of the contract if it has reason to believe that it is or has become subject to laws or practices not in line with the requirements under Clause 14(a).

8.6 Security of processing

(a) The data importer and, during transmission, also the data exporter shall implement appropriate technical and organisational measures to ensure the security of the data, including protection against a breach of security leading to accidental or unlawful destruction, loss, alteration, unauthorised disclosure or access to that data (hereinafter "personal data breach"). In assessing the appropriate level of security, the Parties shall take due account of the state of the art, the costs of implementation, the nature, scope, context and purpose(s) of processing and the risks involved in the processing for the data subjects. The Parties shall in particular consider having recourse to encryption or pseudonymisation, including during transmission, where the purpose of processing can be fulfilled in that manner. In case of pseudonymisation, the additional information for attributing the personal data to a specific data subject shall, where possible, remain under the exclusive control of the data exporter. In complying with its obligations under this paragraph, the data importer shall at least implement the technical and organisational measures specified in Annex II. The data importer shall carry out regular checks to ensure that these measures continue to provide an appropriate level of security.

(b) The data importer shall grant access to the personal data to members of its personnel only to the extent strictly necessary for the implementation, management and monitoring of the contract. It shall ensure that persons authorised to process the personal data have committed themselves to confidentiality or are under an appropriate statutory obligation of confidentiality.

(c) In the event of a personal data breach concerning personal data processed by the data importer under these Clauses, the data importer shall take appropriate measures to address the breach, including measures to mitigate its adverse effects. The data importer shall also notify the data exporter without undue delay after having become aware of the breach. Such notification shall contain the details of a contact point where more information can be obtained, a description of the nature of the breach (including, where possible, categories and approximate number of data subjects and personal data records concerned), its likely consequences and the measures taken or proposed to address the breach including, where appropriate, measures to mitigate its possible adverse effects. Where, and in so far as, it is not possible to provide all information at the same time, the initial notification shall contain the information then available and further information shall, as it becomes available, subsequently be provided without undue delay.

(d) The data importer shall cooperate with and assist the data exporter to enable the data exporter to comply with its obligations under Regulation (EU) 2016/679, in particular to notify the competent supervisory authority and the affected data subjects, taking into account the nature of processing and the information available to the data importer.

8.7 Sensitive data

Where the transfer involves personal data revealing racial or ethnic origin, political opinions, religious or philosophical beliefs, or trade union membership, genetic data, or biometric data for the purpose of uniquely identifying a natural person, data concerning health or a person's sex life or sexual orientation, or data relating to criminal convictions and offences (hereinafter "sensitive data"), the data importer shall apply the specific restrictions and/or additional safeguards described in Annex I.B.

8.8 Onward transfers

The data importer shall only disclose the personal data to a third party on documented instructions from the data exporter. In addition, the data may only be disclosed to a third party located outside the European Union① (in the same country as the data importer or in another third country, hereinafter "onward transfer") if the third party is or agrees to be bound by these Clauses, under the appropriate Module, or if:

(i) the onward transfer is to a country benefitting from an adequacy

① The Agreement on the European Economic Area (EEA Agreement) provides for the extension of the European Union's internal market to the three EEA States Iceland, Liechtenstein and Norway. The Union data protection legislation, including Regulation (EU) 2016/679, is covered by the EEA Agreement and has been incorporated into Annex XI thereto. Therefore, any disclosure by the data importer to a third party located in the EEA does not qualify as an onward transfer for the purpose of these Clauses.

decision pursuant to Article 45 of Regulation (EU) 2016/679 that covers the onward transfer;

(ii) the third party otherwise ensures appropriate safeguards pursuant to Articles 46 or 47 Regulation of (EU) 2016/679 with respect to the processing in question;

(iii) the onward transfer is necessary for the establishment, exercise or defence of legal claims in the context of specific administrative, regulatory or judicial proceedings; or

(iv) the onward transfer is necessary in order to protect the vital interests of the data subject or of another natural person.

Any onward transfer is subject to compliance by the data importer with all the other safeguards under these Clauses, in particular purpose limitation.

8.9 Documentation and compliance

(a) The data importer shall promptly and adequately deal with enquiries from the data exporter that relate to the processing under these Clauses.

(b) The Parties shall be able to demonstrate compliance with these Clauses. In particular, the data importer shall keep appropriate documentation on the processing activities carried out on behalf of the data exporter.

(c) The data importer shall make available to the data exporter all information necessary to demonstrate compliance with the obligations set out in these Clauses and at the data exporter's request, allow for and contribute to audits of the processing activities covered by these Clauses, at reasonable intervals or if there are indications of non-compliance. In deciding on a review or audit, the data exporter may take into account relevant certifications held by the data importer.

(d) The data exporter may choose to conduct the audit by itself or mandate an independent auditor. Audits may include inspections at the premises or physical facilities of the data importer and shall, where appropriate, be carried out with reasonable notice.

(e) The Parties shall make the information referred to in paragraphs (b) and (c), including the results of any audits, available to the competent supervisory authority on request.

MODULE THREE: Transfer processor to processor

8.1 Instructions

(a) The data exporter has informed the data importer that it acts as processor under the instructions of its controller(s), which the data exporter shall make available to the data importer prior to processing.

(b) The data importer shall process the personal data only on documented instructions from the controller, as communicated to the data importer by the data exporter, and any additional documented instructions from the data exporter. Such additional instructions shall not conflict with the instructions from the controller. The controller or data exporter may give further documented instructions regarding the data processing throughout the duration of the contract.

(c) The data importer shall immediately inform the data exporter if it is unable to follow those instructions. Where the data importer is unable to follow the instructions from the controller, the data exporter shall immediately notify the controller.

(d) The data exporter warrants that it has imposed the same data protection obligations on the data importer as set out in the contract or other legal act under Union or Member State law between the controller and the data exporter①.

8.2 Purpose limitation

The data importer shall process the personal data only for the specific purpose(s) of the transfer, as set out in Annex I. B., unless on further instructions from the controller, as communicated to the data importer by the data exporter, or from the data exporter.

8.3 Transparency

On request, the data exporter shall make a copy of these Clauses, including the Appendix as completed by the Parties, available to the data subject free of charge. To the extent necessary to protect business secrets or other confidential information, including personal data, the data exporter may redact part of the text of the Appendix prior to sharing a copy, but shall provide a meaningful summary where the data subject would otherwise not be able to understand its content or exercise his/her rights. On request, the Parties shall provide the data subject with the reasons for the redactions, to the extent

① See Article 28(4) of Regulation (EU) 2016/679 and, where the controller is an EU institution or body, Article 29(4) of Regulation (EU) 2018/1725.

possible without revealing the redacted information.

8.4 Accuracy

If the data importer becomes aware that the personal data it has received is inaccurate, or has become outdated, it shall inform the data exporter without undue delay. In this case, the data importer shall cooperate with the data exporter to rectify or erase the data.

8.5 Duration of processing and erasure or return of data

Processing by the data importer shall only take place for the duration specified in Annex I. B. After the end of the provision of the processing services, the data importer shall, at the choice of the data exporter, delete all personal data processed on behalf of the controller and certify to the data exporter that it has done so, or return to the data exporter all personal data processed on its behalf and delete existing copies. Until the data is deleted or returned, the data importer shall continue to ensure compliance with these Clauses. In case of local laws applicable to the data importer that prohibit return or deletion of the personal data, the data importer warrants that it will continue to ensure compliance with these Clauses and will only process it to the extent and for as long as required under that local law. This is without prejudice to Clause 14, in particular the requirement for the data importer under Clause 14 (e) to notify the data exporter throughout the duration of the contract if it has reason to believe that it is or has become subject to laws or practices not in line with the requirements under Clause 14(a).

8.6 Security of processing

(a) The data importer and, during transmission, also the data exporter shall implement appropriate technical and organisational measures to ensure the security of the data, including protection against a breach of security leading to accidental or unlawful destruction, loss, alteration, unauthorised disclosure or access to that data (hereinafter "personal data breach"). In assessing the appropriate level of security, they shall take due account of the state of the art, the costs of implementation, the nature, scope, context and purpose(s) of processing and the risks involved in the processing for the data subject. The Parties shall in particular consider having recourse to encryption or pseudonymisation, including during transmission, where the purpose of processing can be fulfilled in that manner. In case of pseudonymisation, the additional information for attributing the personal data to a specific data subject shall, where possible, remain under the exclusive control of the data exporter or the controller. In complying with its obligations under this paragraph, the data importer shall at least implement the technical and organisational measures specified in Annex II. The data importer shall carry out regular checks to ensure that these measures continue to provide an appropriate level of security.

(b) The data importer shall grant access to the data to members of its personnel only to the extent strictly necessary for the implementation, management and monitoring of the contract. It shall ensure that persons authorised to process the personal data have committed themselves to confidentiality or are under an appropriate statutory obligation of confidentiality.

(c) In the event of a personal data breach concerning personal data processed by the data importer under these Clauses, the data importer shall take appropriate measures to address the breach, including measures to mitigate its adverse effects. The data importer shall also notify, without undue delay, the data exporter and, where appropriate and feasible, the controller after having become aware of the breach. Such notification shall contain the details of a contact point where more information can be obtained, a description of the nature of the breach (including, where possible, categories and approximate number of data subjects and personal data records concerned), its likely consequences and the measures taken or proposed to address the data breach, including measures to mitigate its possible adverse effects. Where, and in so far as, it is not possible to provide all information at the same time, the initial notification shall contain the information then available and further information shall, as it becomes available, subsequently be provided without undue delay.

(d) The data importer shall cooperate with and assist the data exporter to enable the data exporter to comply with its obligations under Regulation (EU) 2016/679, in particular to notify its controller so that the latter may in turn notify the competent supervisory authority and the affected data subjects, taking into account the nature of processing and the information available to the data importer.

8.7 Sensitive data

Where the transfer involves personal data revealing racial or ethnic origin, political opinions, religious or philosophical beliefs, or trade union membership, genetic data, or biometric data for the purpose of uniquely identifying a natural person, data concerning health or a person's sex life or sexual orientation, or data relating to criminal convictions and offences (hereinafter "sensitive data"), the data importer shall apply the specific restrictions and/or additional safeguards set out in Annex I.B.

8.8 Onward transfers

The data importer shall only disclose the personal data to a third party on documented instructions from the controller, as communicated to the data importer by the data exporter. In addition, the data may only be disclosed to a third party located outside the European Union① (in the same country as the data importer or in another third country, hereinafter "onward transfer") if the third party is or agrees to be bound by these Clauses, under the appropriate Module, or if:

(i) the onward transfer is to a country benefitting from an adequacy decision pursuant to Article 45 of Regulation (EU) 2016/679 that covers the onward transfer;

(ii) the third party otherwise ensures appropriate safeguards pursuant to Articles 46 or 47 of Regulation (EU) 2016/679;

---

① The Agreement on the European Economic Area (EEA Agreement) provides for the extension of the European Union's internal market to the three EEA States Iceland, Liechtenstein and Norway. The Union data protection legislation, including Regulation (EU) 2016/679, is covered by the EEA Agreement and has been incorporated into Annex XI thereto. Therefore, any disclosure by the data importer to a third party located in the EEA does not qualify as an onward transfer for the purposes of these Clauses.

(iii) the onward transfer is necessary for the establishment, exercise or defence of legal claims in the context of specific administrative, regulatory or judicial proceedings; or

(iv) the onward transfer is necessary in order to protect the vital interests of the data subject or of another natural person.

Any onward transfer is subject to compliance by the data importer with all the other safeguards under these Clauses, in particular purpose limitation.

8.9 Documentation and compliance

(a) The data importer shall promptly and adequately deal with enquiries from the data exporter or the controller that relate to the processing under these Clauses.

(b) The Parties shall be able to demonstrate compliance with these Clauses. In particular, the data importer shall keep appropriate documentation on the processing activities carried out on behalf of the controller.

(c) The data importer shall make all information necessary to demonstrate compliance with the obligations set out in these Clauses available to the data exporter, which shall provide it to the controller.

(d) The data importer shall allow for and contribute to audits by the data exporter of the processing activities covered by these Clauses, at reasonable intervals or if there are indications of non-compliance. The same shall apply where the data exporter requests an audit on instructions of the controller. In deciding on an audit, the data exporter may take into account relevant certifications held by the data importer.

(e) Where the audit is carried out on the instructions of the controller, the data exporter shall make the results available to the controller.

(f) The data exporter may choose to conduct the audit by itself or mandate an independent auditor. Audits may include inspections at the premises or physical facilities of the data importer and shall, where appropriate, be carried out with reasonable notice.

(g) The Parties shall make the information referred to in paragraphs (b) and (c), including the results of any audits, available to the competent supervisory authority on request.

MODULE FOUR: Transfer processor to controller

8.1 Instructions

(a) The data exporter shall process the personal data only on documented instructions from the data importer acting as its controller.

(b) The data exporter shall immediately inform the data importer if it is unable to follow those instructions, including if such instructions infringe Regulation (EU) 2016/679 or other Union or Member State data protection law.

(c) The data importer shall refrain from any action that would prevent the data exporter from fulfilling its obligations under Regulation (EU) 2016/679, including in the context of sub-processing or as regards cooperation with competent supervisory authorities.

(d) After the end of the provision of the processing services, the data exporter shall, at the choice of the data importer, delete all personal data processed on behalf of the data importer and certify to the data importer that it has done so, or return to the data importer all personal data processed on its behalf and delete existing copies.

8.2 Security of processing

(a) The Parties shall implement appropriate technical and organisational measures to ensure the security of the data, including during transmission, and protection against a breach of security leading to accidental or unlawful destruction, loss, alteration, unauthorised disclosure or access (hereinafter "personal data breach"). In assessing the appropriate level of security, they shall take due account of the state of the art, the costs of implementation, the nature of the personal data①, the nature, scope, context and purpose(s) of processing and the risks involved in the processing for the data subjects, and in particular consider having recourse to encryption or pseudonymisation, including during transmission, where the purpose of processing can be fulfilled in that manner.

(b) The data exporter shall assist the data importer in ensuring appropriate security of the data in accordance with paragraph (a). In case of a personal data breach concerning the personal data processed by the data exporter under

---

① This includes whether the transfer and further processing involves personal data revealing racial or ethnic origin, political opinions, religious or philosophical beliefs, or trade union membership, genetic data or biometric data for the purpose of uniquely identifying a natural person, data concerning health or a person's sex life or sexual orientation, or data relating to criminal convictions or offences.

these Clauses, the data exporter shall notify the data importer without undue delay after becoming aware of it and assist the data importer in addressing the breach.

(c) The data exporter shall ensure that persons authorised to process the personal data have committed themselves to confidentiality or are under an appropriate statutory obligation of confidentiality.

8.3 Documentation and compliance

(a) The Parties shall be able to demonstrate compliance with these Clauses.

(b) The data exporter shall make available to the data importer all information necessary to demonstrate compliance with its obligations under these Clauses and allow for and contribute to audits.

Clause 9

Use of sub-processors

MODULE TWO: Transfer controller to processor

(a) OPTION 1: SPECIFIC PRIOR AUTHORISATION The data importer shall not sub-contract any of its processing activities performed on behalf of the data exporter under these Clauses to a sub-processor without the data exporter's prior specific written authorisation. The data importer shall submit the request for specific authorisation at least [*Specify time period*] prior to the engagement of the sub-processor, together with the information necessary to enable the data exporter to decide on the authorisation. The list of sub-processors already authorised by the data exporter can be found in Annex III. The Parties shall keep Annex III up to date.

OPTION 2: GENERAL WRITTEN AUTHORISATION The data importer has the data exporter's general authorisation for the engagement of sub-processor(s) from an agreed list. The data importer shall specifically inform the data exporter in writing of any intended changes to that list through the addition or replacement of sub-processors at least [*Specify time period*] in advance, thereby giving the data exporter sufficient time to be able to object to such changes prior to the engagement of the sub-processor(s). The data importer shall provide the data exporter with the information necessary to enable the data exporter to exercise its right to object.

(b) Where the data importer engages a sub-processor to carry out specific processing activities (on behalf of the data exporter), it shall do so by way of a written contract that provides for, in substance, the same data protection obligations as those binding the data importer under these Clauses, including in terms of third-party beneficiary rights for data subjects.① The Parties agree that, by complying with this Clause, the data importer fulfils its obligations under Clause 8.8. The data importer shall ensure that the sub-processor complies with the obligations to which the data importer is subject pursuant to these Clauses.

---

① This requirement may be satisfied by the sub-processor acceding to these Clauses under the appropriate Module, in accordance with Clause 7.

(c) The data importer shall provide, at the data exporter's request, a copy of such a sub-processor agreement and any subsequent amendments to the data exporter. To the extent necessary to protect business secrets or other confidential information, including personal data, the data importer may redact the text of the agreement prior to sharing a copy.

(d) The data importer shall remain fully responsible to the data exporter for the performance of the sub-processor's obligations under its contract with the data importer. The data importer shall notify the data exporter of any failure by the sub-processor to fulfil its obligations under that contract.

(e) The data importer shall agree a third-party beneficiary clause with the sub-processor whereby - in the event the data importer has factually disappeared, ceased to exist in law or has become insolvent-the data exporter shall have the right to terminate the sub-processor contract and to instruct the sub-processor to erase or return the personal data.

MODULE THREE: Transfer processor to processor

(a) OPTION 1: SPECIFIC PRIOR AUTHORISATION The data importer shall not sub-contract any of its processing activities performed on behalf of the data exporter under these Clauses to a sub-processor without the prior specific written authorisation of the controller. The data importer shall submit the request for specific authorisation at least [*Specify time period*] prior to the engagement of the sub-processor, together with the information necessary to enable the controller to decide on the authorisation. It shall inform the data exporter of such engagement. The list of sub-processors already authorised by the controller can be found in Annex III. The Parties shall keep Annex III up to date.

OPTION 2: GENERAL WRITTEN AUTHORISATION The data importer has the controller's general authorisation for the engagement of sub-processor(s) from an agreed list. The data importer shall specifically inform the controller in writing of any intended changes to that list through the addition or replacement of sub-processors at least [*Specify time period*] in advance, thereby giving the controller sufficient time to be able to object to such changes prior to the engagement of the sub-processor(s). The data importer shall provide the controller with the information necessary to enable the controller to exercise its right to object. The data importer shall inform the data exporter of the engagement of the sub-processor(s).

(b) Where the data importer engages a sub-processor to carry out specific processing activities (on behalf of the controller), it shall do so by way of a written contract that provides for, in substance, the same data protection obligations as those binding the data importer under these Clauses, including in terms of third-party beneficiary rights for data subjects.② The Parties agree that, by complying with this Clause, the data importer fulfils its obligations under Clause 8.8. The data importer shall ensure that the sub-processor complies with the obligations to which the data importer is subject pursuant to

② This requirement may be satisfied by the sub-processor acceding to these Clauses under the appropriate Module, in accordance with Clause 7.

these Clauses.

(c) The data importer shall provide, at the data exporter's or controller's request, a copy of such a sub-processor agreement and any subsequent amendments. To the extent necessary to protect business secrets or other confidential information, including personal data, the data importer may redact the text of the agreement prior to sharing a copy.

(d) The data importer shall remain fully responsible to the data exporter for the performance of the sub-processor's obligations under its contract with the data importer. The data importer shall notify the data exporter of any failure by the sub-processor to fulfil its obligations under that contract.

(e) The data importer shall agree a third-party beneficiary clause with the sub-processor whereby - in the event the data importer has factually disappeared, ceased to exist in law or has become insolvent-the data exporter shall have the right to terminate the sub-processor contract and to instruct the sub-processor to erase or return the personal data.

Clause 10

Data subject rights

MODULE ONE: Transfer controller to controller

(a) The data importer, where relevant with the assistance of the data exporter, shall deal with any enquiries and requests it receives from a data subject relating to the processing of his/her personal data and the exercise of his/her rights under these Clauses without undue delay and at the latest within one month of the receipt of the enquiry or request.③ The data importer shall take appropriate measures to facilitate such enquiries, requests and the exercise of data subject rights. Any information provided to the data subject shall be in an intelligible and easily accessible form, using clear and plain language.

(b) In particular, upon request by the data subject the data importer shall, free of charge :

(i) provide confirmation to the data subject as to whether personal data concerning him/her is being processed and, where this is the case, a copy of the data relating to him/her and the information in Annex I; if personal data has been or will be onward transferred, provide information on recipients or categories of recipients (as appropriate with a view to providing meaningful information) to which the personal data has been or will be onward transferred, the purpose of such onward transfers and their ground pursuant to Clause 8.7; and provide information on the right to lodge a complaint with a supervisory authority in accordance with Clause 12(c)(i);

(ii) rectify inaccurate or incomplete data concerning the data subject;

(iii) erase personal data concerning the data subject if such data is being or has been processed in violation of any of these Clauses ensuring third-party beneficiary rights, or if the data subject withdraws the consent on which the

---

③ That period may be extended by a maximum of two more months, to the extent necessary taking into account the complexity and number of requests. The data importer shall duly and promptly inform the data subject of any such extension.

processing is based.

(c) Where the data importer processes the personal data for direct marketing purposes, it shall cease processing for such purposes if the data subject objects to it.

(d) The data importer shall not make a decision based solely on the automated processing of the personal data transferred (hereinafter "automated decision"), which would produce legal effects concerning the data subject or similarly significantly affect him / her, unless with the explicit consent of the data subject or if authorised to do so under the laws of the country of destination, provided that such laws lays down suitable measures to safeguard the data subject's rights and legitimate interests. In this case, the data importer shall, where necessary in cooperation with the data exporter:

(i) inform the data subject about the envisaged automated decision, the envisaged consequences and the logic involved; and

(ii) implement suitable safeguards, at least by enabling the data subject to contest the decision, express his/her point of view and obtain review by a human being.

(e) Where requests from a data subject are excessive, in particular because of their repetitive character, the data importer may either charge a reasonable fee taking into account the administrative costs of granting the request or refuse to act on the request.

(f) The data importer may refuse a data subject's request if such refusal is allowed under the laws of the country of destination and is necessary and proportionate in a democratic society to protect one of the objectives listed in Article 23(1) of Regulation (EU) 2016/679.

(g) If the data importer intends to refuse a data subject's request, it shall inform the data subject of the reasons for the refusal and the possibility of lodging a complaint with the competent supervisory authority and/or seeking judicial redress.

MODULE TWO: Transfer controller to processor

(a) The data importer shall promptly notify the data exporter of any request it has received from a data subject. It shall not respond to that request itself unless it has been authorised to do so by the data exporter.

(b) The data importer shall assist the data exporter in fulfilling its obligations to respond to data subjects' requests for the exercise of their rights under Regulation (EU) 2016/679. In this regard, the Parties shall set out in Annex II the appropriate technical and organisational measures, taking into account the nature of the processing, by which the assistance shall be provided, as well as the scope and the extent of the assistance required.

(c) In fulfilling its obligations under paragraphs (a) and (b), the data importer shall comply with the instructions from the data exporter.

MODULE THREE: Transfer processor to processor

(a) The data importer shall promptly notify the data exporter and, where appropriate, the controller of any request it has received from a data subject, without responding to that request unless it has been authorised to do so by the controller.

(b) The data importer shall assist, where appropriate in cooperation with the data exporter, the controller in fulfilling its obligations to respond to data subjects' requests for the exercise of their rights under Regulation (EU) 2016/679 or Regulation (EU) 2018/1725, as applicable. In this regard, the Parties shall set out in Annex II the appropriate technical and organisational measures, taking into account the nature of the processing, by which the assistance shall be provided, as well as the scope and the extent of the assistance required.

(c) In fulfilling its obligations under paragraphs (a) and (b), the data importer shall comply with the instructions from the controller, as communicated by the data exporter.

MODULE FOUR: Transfer processor to controller

The Parties shall assist each other in responding to enquiries and requests made by data subjects under the local law applicable to the data importer or, for data processing by the data exporter in the EU, underRegulation (EU) 2016/679.

Clause 11

Redress

(a) The data importer shall inform data subjects in a transparent and easily accessible format, through individual notice or on its website, of a contact point authorised to handle complaints. It shall deal promptly with any complaints it receives from a data subject.

[OPTION: The data importer agrees that data subjects may also lodge a complaint with an independent dispute resolution body④ at no cost to the data subject. It shall inform the data subjects, in the manner set out in paragraph (a), of such redress mechanism and that they are not required to use it, or follow a particular sequence in seeking redress.]

MODULE ONE: Transfer controller to controller

MODULE TWO: Transfer controller to processor

MODULE THREE: Transfer processor to processor

(b) In case of a dispute between a data subject and one of the Parties as regards compliance with these Clauses, that Party shall use its best efforts to resolve the issue amicably in a timely fashion. The Parties shall keep each other informed about such disputes and, where appropriate, cooperate in resolving them.

---

④ The data importer may offer independent dispute resolution through an arbitration body only if it is established in a country that has ratified the New York Convention on Enforcement of Arbitration Awards.

(c) Where the data subject invokes a third – party beneficiary right pursuant to Clause 3, the data importer shall accept the decision of the data subject to:

(i) lodge a complaint with the supervisory authority in the Member State of his/her habitual residence or place of work, or the competent supervisory authority pursuant to Clause 13;

(ii) refer the dispute to the competent courts within the meaning of Clause 18.

(d) The Parties accept that the data subject may be represented by a not-for-profit body, organisation or association under the conditions set out in Article 80(1) of Regulation (EU) 2016/679.

(e) The data importer shall abide by a decision that is binding under the applicable EU or Member State law.

(f) The data importer agrees that the choice made by the data subject will not prejudice his/her substantive and procedural rights to seek remedies in accordance with applicable laws.

Clause 12

Liability

MODULE ONE: Transfer controller to controller

MODULE FOUR: Transfer processor to controller

(a) Each Party shall be liable to the other Party/ies for any damages it causes the other Party/ies by any breach of these Clauses.

(b) Each Party shall be liable to the data subject, and the data subject shall be entitled to receive compensation, for any material or non-material damages that the Party causes the data subject by breaching the third-party beneficiary rights under these Clauses. This is without prejudice to the liability of the data exporter under Regulation (EU) 2016/679.

(c) Where more than one Party is responsible for any damage caused to the data subject as a result of a breach of these Clauses, all responsible Parties shall be jointly and severally liable and the data subject is entitled to bring an action in court against any of these Parties.

(d) The Parties agree that if one Party is held liable under paragraph (c), it shall be entitled to claim back from the other Party/ies that part of the compensation corresponding to its / their responsibility for the damage.

(e) The data importer may not invoke the conduct of a processor or sub-processor to avoid its own liability.

MODULE TWO: Transfer controller to processor

MODULE THREE: Transfer processor to processor

(a) Each Party shall be liable to the other Party/ies for any damages it causes the other Party/ies by any breach of these Clauses.

(b) The data importer shall be liable to the data subject, and the data subject shall be entitled to receive compensation, for any material or non-material damages the data importer or its sub-processor causes the data subject by breaching the third-party beneficiary rights under these Clauses.

(c) Notwithstanding paragraph (b), the data exporter shall be liable to the data subject, and the data subject shall be entitled to receive compensation, for any material or non-material damages the data exporter or the data importer (or its sub-processor) causes the data subject by breaching the third-party beneficiary rights under these Clauses. This is without prejudice to the liability of the data exporter and, where the data exporter is a processor acting on behalf of a controller, to the liability of the controller under Regulation (EU) 2016/679 or Regulation (EU) 2018/1725, as applicable.

(d) The Parties agree that if the data exporter is held liable under paragraph (c) for damages caused by the data importer (or its sub-processor), it shall be entitled to claim back from the data importer that part of the compensation corresponding to the data importer's responsibility for the damage.

(e) Where more than one Party is responsible for any damage caused to the data subject as a result of a breach of these Clauses, all responsible Parties shall be jointly and severally liable and the data subject is entitled to bring an action in court against any of these Parties.

(f) The Parties agree that if one Party is held liable under paragraph (e), it shall be entitled to claim back from the other Party/ies that part of the compensation corresponding to its / their responsibility for the damage.

(g) The data importer may not invoke the conduct of a sub-processor to avoid its own liability.

Clause 13

Supervision

MODULE ONE: Transfer controller to controller

MODULE TWO: Transfer controller to processor

MODULE THREE: Transfer processor to processor

(a) [Where the data exporter is established in an EU Member State:] The supervisory authority with responsibility for ensuring compliance by the data exporter with Regulation (EU) 2016/679 as regards the data transfer, as indicated in Annex I.C, shall act as competent supervisory authority.

[Where the data exporter is not established in an EU Member State, but falls within the territorial scope of application of Regulation (EU) 2016/679 in accordance with its Article 3(2) and has appointed a representative pursuant to Article 27(1) of Regulation (EU) 2016/679:] The supervisory authority of the Member State in which the representative within the meaning of Article 27 (1) of Regulation (EU) 2016/679 is established, as indicated in Annex I.C, shall act as competent supervisory authority.

[Where the data exporter is not established in an EU Member State, but falls within the territorial scope of application of Regulation (EU) 2016/679 in accordance with its Article 3 (2) without however having to appoint a representative pursuant to Article 27(2) of Regulation (EU) 2016/679:] The supervisory authority of one of the Member States in which the data subjects whose personal data is transferred under these Clauses in relation to the offering of goods or services to them, or whose behaviour is monitored, are located, as indicated in Annex I.C, shall act as competent supervisory authority.

(b) The data importer agrees to submit itself to the jurisdiction of and cooperate with the competent supervisory authority in any procedures aimed at ensuring compliance with these Clauses. In particular, the data importer agrees to respond to enquiries, submit to audits and comply with the measures adopted by the supervisory authority, including remedial and compensatory measures. It shall provide the supervisory authority with written confirmation that the necessary actions have been taken.

SECTION III-LOCAL LAWS AND OBLIGATIONS IN CASE OF ACCESS BY PUBLIC AUTHORITIES

Clause 14

Local laws and practices affecting compliance with the Clauses

MODULE ONE: Transfer controller to controller

MODULE TWO: Transfer controller to processor

MODULE THREE: Transfer processor to processor

MODULE FOUR: Transfer processor to controller (*where the EU processor combines the personal data received from the third country-controller* *with personal data collected by the processor in the EU*)

(a) The Parties warrant that they have no reason to believe that the laws and practices in the third country of destination applicable to the processing of the personal data by the data importer, including any requirements to disclose personal data or measures authorising access by public authorities, prevent the data importer from fulfilling its obligations under these Clauses. This is based on the understanding that laws and practices that respect the essence of the fundamental rights and freedoms and do not exceed what is necessary and proportionate in a democratic society to safeguard one of the objectives listed in Article 23(1) of Regulation (EU) 2016/679, are not in contradiction with these Clauses.

(b) The Parties declare that in providing the warranty in paragraph (a), they have taken due account in particular of the following elements:

(i) the specific circumstances of the transfer, including the length of the processing chain, the number of actors involved and the transmission channels used; intended onward transfers; the type of recipient; the purpose of processing; the categories and format of the transferred personal data; the economic sector in which the transfer occurs; the storage location of the data transferred;

(ii) the laws and practices of the third country of destination – including those requiring the disclosure of data to public authorities or authorising access by such authorities – relevant in light of the specific circumstances of the transfer, and the applicable limitations and safeguards⑤;

(iii) any relevant contractual, technical or organisational safeguards put in place to supplement the safeguards under these Clauses, including measures applied during transmission and to the processing of the personal data in the country of destination.

(c) The data importer warrants that, in carrying out the assessment under paragraph (b), it has made its best efforts to provide the data exporter with relevant information and agrees that it will continue to cooperate with the data exporter in ensuring compliance with these Clauses.

(d) The Parties agree to document the assessment under paragraph (b) and make it available to the competent supervisory authority on request.

(e) The data importer agrees to notify the data exporter promptly if, after

---

⑤ As regards the impact of such laws and practices on compliance with these Clauses, different elements may be considered as part of an overall assessment. Such elements may include relevant and documented practical experience with prior instances of requests for disclosure from public authorities, or the absence of such requests, covering a sufficiently representative time-frame. This refers in particular to internal records or other documentation, drawn up on a continuous basis in accordance with due diligence and certified at senior management level, provided that this information can be lawfully shared with third parties. Where this practical experience is relied upon to conclude that the data importer will not be prevented from complying with these Clauses, it needs to be supported by other relevant, objective elements, and it is for the Parties to consider carefully whether these elements together carry sufficient weight, in terms of their reliability and representativeness, to support this conclusion. In particular, the Parties have to take into account whether their practical experience is corroborated and not contradicted by publicly available or otherwise accessible, reliable information on the existence or absence of requests within the same sector and/or the application of the law in practice, such as case law and reports by independent oversight bodies.

having agreed to these Clauses and for the duration of the contract, it has reason to believe that it is or has become subject to laws or practices not in line with the requirements under paragraph (a), including following a change in the laws of the third country or a measure (such as a disclosure request) indicating an application of such laws in practice that is not in line with the requirements in paragraph (a). [For Module Three: The data exporter shall forward the notification to the controller.]

(f) Following a notification pursuant to paragraph (e), or if the data exporter otherwise has reason to believe that the data importer can no longer fulfil its obligations under these Clauses, the data exporter shall promptly identify appropriate measures (e.g. technical or organisational measures to ensure security and confidentiality) to be adopted by the data exporter and/or data importer to address the situation [for Module Three: , if appropriate in consultation with the controller]. The data exporter shall suspend the data transfer if it considers that no appropriate safeguards for such transfer can be ensured, or if instructed by [for Module Three: the controller or] the competent supervisory authority to do so. In this case, the data exporter shall be entitled to terminate the contract, insofar as it concerns the processing of personal data under these Clauses. If the contract involves more than two Parties, the data exporter may exercise this right to termination only with respect to the relevant Party, unless the Parties have agreed otherwise. Where the contract is terminated pursuant to this Clause, Clause 16(d) and (e) shall apply.

Clause 15

Obligations of the data importer in case of access by public authorities

MODULE ONE: Transfer controller to controller

MODULE TWO: Transfer controller to processor

MODULE THREE: Transfer processor to processor

MODULE FOUR: Transfer processor to controller (*where the EU processor combines the personal data received from the third country-controller with personal data collected by the processor in the EU*)

15.1 Notification

(a) The data importer agrees to notify the data exporter and, where possible, the data subject promptly (if necessary with the help of the data exporter) if it:

(i) receives a legally binding request from a public authority, including judicial authorities, under the laws of the country of destination for the disclosure of personal data transferred pursuant to these Clauses; such notification shall include information about the personal data requested, the requesting authority, the legal basis for the request and the response provided; or

(ii) becomes aware of any direct access by public authorities to personal data transferred pursuant to these Clauses in accordance with the laws of the country of destination; such notification shall include all information available to the importer.

[For Module Three: The data exporter shall forward the notification to the controller.]

(b) If the data importer is prohibited from notifying the data exporter and/or the data subject under the laws of the country of destination, the data importer agrees to use its best efforts to obtain a waiver of the prohibition, with a view to communicating as much information as possible, as soon as possible. The data importer agrees to document its best efforts in order to be able to demonstrate them on request of the data exporter.

(c) Where permissible under the laws of the country of destination, the data importer agrees to provide the data exporter, at regular intervals for the duration of the contract, with as much relevant information as possible on the requests received (in particular, number of requests, type of data requested, requesting authority/ies, whether requests have been challenged and the outcome of such challenges, etc.). [For Module Three: The data exporter shall forward the information to the controller.]

(d) The data importer agrees to preserve the information pursuant to paragraphs (a) to (c) for the duration of the contract and make it available to the competent supervisory authority on request.

(e) Paragraphs (a) to (c) are without prejudice to the obligation of the data importer pursuant to Clause 14(e) and Clause 16 to inform the data exporter promptly where it is unable to comply with these Clauses.

15.2 Review of legality and data minimisation

(a) The data importer agrees to review the legality of the request for disclosure, in particular whether it remains within the powers granted to the requesting public authority, and to challenge the request if, after careful assessment, it concludes that there are reasonable grounds to consider that the request is unlawful under the laws of the country of destination, applicable obligations under international law and principles of international comity. The data importer shall, under the same conditions, pursue possibilities of appeal. When challenging a request, the data importer shall seek interim measures with a view to suspending the effects of the request until the competent judicial authority has decided on its merits. It shall not disclose the personal data requested until required to do so under the applicable procedural rules. These requirements are without prejudice to the obligations of the data importer under Clause 14(e).

(b) The data importer agrees to document its legal assessment and any challenge to the request for disclosure and, to the extent permissible under the laws of the country of destination, make the documentation available to the data exporter. It shall also make it available to the competent supervisory authority on request. [For Module Three: The data exporter shall make the assessment available to the controller.]

(c) The data importer agrees to provide the minimum amount of information permissible when responding to a request for disclosure, based on a reasonable interpretation of the request.

SECTION IV-FINAL PROVISIONS

Clause 16

Non-compliance with the Clauses and termination

(a) The data importer shall promptly inform the data exporter if it is unable to comply with these Clauses, for whatever reason.

(b) In the event that the data importer is in breach of these Clauses or unable to comply with these Clauses, the data exporter shall suspend the transfer of personal data to the data importer until compliance is again ensured or the contract is terminated. This is without prejudice to Clause 14(f).

(c) The data exporter shall be entitled to terminate the contract, insofar as it concerns the processing of personal data under these Clauses, where:

(i) the data exporter has suspended the transfer of personal data to the data importer pursuant to paragraph (b) and compliance with these Clauses is not restored within a reasonable time and in any event within one month of suspension;

(ii) the data importer is in substantial or persistent breach of these Clauses; or

(iii) the data importer fails to comply with a binding decision of a competent court or supervisory authority regarding its obligations under these Clauses.

In these cases, it shall inform the competent supervisory authority [for Module Three: and the controller] of such non-compliance. Where the contract involves more than two Parties, the data exporter may exercise this right to termination only with respect to the relevant Party, unless the Parties have agreed otherwise.

(d) [For Modules One, Two and Three: Personal data that has been transferred prior to the termination of the contract pursuant to paragraph (c) shall at the choice of the data exporter immediately be returned to the data exporter or deleted in its entirety. The same shall apply to any copies of the data.] [For Module Four: Personal data collected by the data exporter in the EU that has been transferred prior to the termination of the contract pursuant to paragraph (c) shall immediately be deleted in its entirety, including any copy thereof.] The data importer shall certify the deletion of the data to the data exporter. Until the data is deleted or returned, the data importer shall continue to ensure compliance with these Clauses. In case of local laws applicable to the data importer that prohibit the return or deletion of the transferred personal data, the data importer warrants that it will continue to ensure compliance with these Clauses and will only process the data to the extent and for as long as required under that local law.

(e) Either Party may revoke its agreement to be bound by these Clauses where (i) the European Commission adopts a decision pursuant to Article 45 (3) of Regulation (EU) 2016/679 that covers the transfer of personal data to which these Clauses apply; or (ii) Regulation (EU) 2016/679 becomes part of the legal framework of the country to which the personal data is transferred. This is without prejudice to other obligations applying to the processing in question under Regulation (EU) 2016/679.

Clause 17

Governing law

MODULE ONE: Transfer controller to controller

MODULE TWO: Transfer controller to processor

MODULE THREE: Transfer processor to processor

[OPTION 1: These Clauses shall be governed by the law of one of the EU Member States, provided such law allows for third-party beneficiary rights. The Parties agree that this shall be the law of ________(*specify Member State*).]

[OPTION 2 (for Modules Two and Three): These Clauses shall be governed by the law of the EU Member State in which the data exporter is established. Where such law does not allow for third-party beneficiary rights, they shall be governed by the law of another EU Member State that does allow for third-party beneficiary rights. The Parties agree that this shall be the law of ________(*specify Member State*).]

MODULE FOUR: Transfer processor to controller

These Clauses shall be governed by the law of a country allowing for third-party beneficiary rights. The Parties agree that this shall be the law of ________ (*specify country*).

Clause 18

Choice of forum and jurisdiction

MODULE ONE: Transfer controller to controller

MODULE TWO: Transfer controller to processor

MODULE THREE: Transfer processor to processor

(a) Any dispute arising from these Clauses shall be resolved by the courts of an EU Member State.

(b) The Parties agree that those shall be the courts of ________ (*specify Member State*).

(c) A data subject may also bring legal proceedings against the data exporter and/or data importer before the courts of the Member State in which he/she has his/her habitual residence.

(d) The Parties agree to submit themselves to the jurisdiction of such courts.

MODULE FOUR: Transfer processor to controller

Any dispute arising from these Clauses shall be resolved by the courts of ________ (*specify country*).

APPENDIX

EXPLANATORY NOTE:

It must be possible to clearly distinguish the information applicable to each transfer or category of transfers and, in this regard, to determine the respective role(s) of the Parties as data exporter(s) and/or data importer(s). This does not necessarily require completing and signing separate appendices for each transfer/category of transfers and/or contractual relationship, where this transparency can achieved through one appendix. However, where necessary to ensure sufficient clarity, separate appendices should be used.

ANNEX I

A. LIST OF PARTIES

MODULE ONE: Transfer controller to controller

MODULE TWO: Transfer controller to processor

MODULE THREE: Transfer processor to processor

MODULE FOUR: Transfer processor to controller

Data exporter(s): [*Identity and contact details of the data exporter(s) and, where applicable, of its/their data protection officer and/or representative in the European Union*]

1. Name: ...

Address: ...

Contact person's name, position and contact details: ...

Activities relevant to the data transferred under these Clauses: ...

Signature and date: ...

Role (controller/processor): ...

2. ...

Data importer(s): [*Identity and contact details of the data importer(s), including any contact person with responsibility for data protection*]

1. Name: ...

Address: ...

Contact person's name, position and contact details: ...

Activities relevant to the data transferred under these Clauses: ...

Signature and date: ...

Role (controller/processor): ...

2. ...

B. DESCRIPTION OF TRANSFER

MODULE ONE: Transfer controller to controller

MODULE TWO: Transfer controller to processor

MODULE THREE: Transfer processor to processor

MODULE FOUR: Transfer processor to controller

Categories of data subjects whose personal data is transferred

………………………

Categories of personal data transferred

………………………

Sensitive data transferred (if applicable) and applied restrictions or safeguards that fully take into consideration the nature of the data and the risks involved, such as for instance strict purpose limitation, access restrictions (including access only for staff having followed specialised training), keeping a record of access to the data, restrictions for onward transfers or additional security measures.

………………………

The frequency of the transfer (e.g. whether the data is transferred on a one-off or continuous basis).

………………………

Nature of the processing

………………………

Purpose(s) of the data transfer and further processing

………………………

The period for which the personal data will be retained, or, if that is not possible, the criteria used to determine that period

………………………

For transfers to (sub-) processors, also specify subject matter, nature and duration of the processing

………………………

C. COMPETENT SUPERVISORY AUTHORITY

MODULE ONE: Transfer controller to controller

MODULE TWO: Transfer controller to processor

MODULE THREE: Transfer processor to processor

Identify the competent supervisory authority/ies in accordance with Clause 13

…………………………

ANNEX II–TECHNICAL AND ORGANISATIONAL MEASURES INCLUDING TECHNICAL AND ORGANISATIONAL MEASURES TO ENSURE THE SECURITY OF THE DATA

MODULE ONE: Transfer controller to controller

MODULE TWO: Transfer controller to processor

MODULE THREE: Transfer processor to processor

EXPLANATORY NOTE：

The technical and organisational measures must be described in specific (and not generic) terms. See also the general comment on the first page of the Appendix, in particular on the need to clearly indicate which measures apply to each transfer/set of transfers.

Description of the technical and organisational measures implemented by the data importer(s) (including any relevant certifications) to ensure an appropriate level of security, taking into account the nature, scope, context and purpose of the processing, and the risks for the rights and freedoms of natural persons.

[*Examples of possible measures*：

Measures of pseudonymisation and encryption of personal data

Measures for ensuring ongoing confidentiality, integrity, availability and resilience of processing systems and services

Measures for ensuring the ability to restore the availability and access to personal data in a timely manner in the event of a physical or technical incident

Processes for regularly testing, assessing and evaluating the effectiveness of technical and organisational measures in order to ensure the security of the processing

Measures for user identification and authorisation

Measures for the protection of data during transmission

Measures for the protection of data during storage

Measures for ensuring physical security of locations at which personal data are processed

Measures for ensuring events logging

Measures for ensuring system configuration, including default configuration

Measures for internal IT and IT security governance and management

Measures for certification/assurance of processes and products

Measures for ensuring data minimisation

Measures for ensuring data quality

Measures for ensuring limited data retention

Measures for ensuring accountability

Measures for allowing data portability and ensuring erasure]

For transfers to (sub-) processors, also describe the specific technical and organisational measures to be taken by the (sub-) processor to be able to provide assistance to the controller and, for transfers from a processor to a sub-processor, to the data exporter

ANNEX III-LIST OF SUB-PROCESSORS

MODULE TWO: Transfer controller to processor

MODULE THREE: Transfer processor to processor

EXPLANATORY NOTE:

This Annex must be completed for Modules Two and Three, in case of the specific authorisation of sub-processors (Clause 9(a), Option 1).

The controller has authorised the use of the following sub-processors:

1. Name: …

Address: …

Contact person's name, position and contact details: …

Description of processing (including a clear delimitation of responsibilities in case several sub-processors are authorised): …

2. …

附录 5

数据控制者对数据主体提出数据可携带权要求的回应示例模版

Data Controller's Response to Data Portability Request (GDPR) [CONTROLLER'S LETTERHEAD]

[DATA SUBJECT NAME/REQUESTER NAME]

[ADDRESS LINE 1]

[ADDRESS LINE 2]

[POSTCODE/CITY]

[COUNTRY]

[DATE]

Dear [DATA SUBJECT NAME/REQUESTER NAME]:

Response to [Data Portability Request Dated: [DATE]/Data Portability Request [REFERENCE NUMBER]]

We write in response to the above-referenced Data Portability Request. Article 20 of the EU General Data Protection Regulation (Regulation (EU) 2016/679) (GDPR) grants data subjects the right to receive a copy of certain personal data they provided to us, and the right to transfer that personal data to another organization (controller), if we use automated means to process the personal data and we either:

- Process the personal data with the data subject's consent.
- Process the personal data because it is necessary for us to perform a contract with the data subject.

The data portability right does not apply to personal data we hold in paper files. It also does not apply to data inferred by or derived by us from the data provided by data subjects such as data we generate by analyzing data subjects' personal data.

For more information on the rights granted under the GDPR, see [ORGANIZATION]'s Privacy Notice available at: [URL ADDRESS/OTHER LOCATION].

[We have reviewed your request[s] and have determined that we are unable to verify your legal authority to make the request on the data subject's behalf and therefore we cannot honor your data portability request. [On [DATE] we requested additional information to verify your legal authority to make the request. However, the information you provided was insufficient.]

OR

After conducting a diligent search for records relating to your data portability request, we have determined that [we do not process personal data about [you/the data subject]/we have destroyed, erased, or made the personal data anonymous in accordance with our record retention obligations and practices/the personal data [you/the data subject] requested a copy of is not subject to Article 20 because [[you/the data subject] did not provide the personal data to us/we do not rely on consent to process the personal data/we do not process the personal data to perform a contract with [you/the data subject]]/we are unable to provide you with a copy of the personal data requested because [disclosure would violate the rights and freedoms of third parties/applicable law allows or requires us to deny your request for the following reason[s]: [REASONS FOR CONCLUSION]]].

OR

We have reviewed your request and determined that your data portability right does not apply because we do not process personal data for purposes that require us to identify you. As a result, we cannot identify you or your data to respond to your request.

OR

We have reviewed your request[s] and consider [it/them] to be [unfounded/excessive] for the following reason[s]: [REASON(S) FOR CONCLUSION]. We are denying your data portability request under Article 12(5) which permits us to refuse to act on your request if we determine that the request[s] [is/are] unfounded or excessive.

OR

In response to your request we [are enclosing a copy of [your/the data subject's] personal data subject to Article 20 in a structured, commonly used, and machine-readable format/transmitted a copy of [your/the data subject's] personal data subject to Article 20 to [RECIPIENT] by [emailing a copy to

[EMAIL ADDRESS]/mailing a CD, DVD, or other physical media to [ADDRESS]/[OTHER MECHANISM]].]

[If we did not take action in response to your request [you have/the data subject has] the right to lodge a complaint with the relevant supervisory authority and seek a judicial remedy.]

If you have any additional questions, please contact [NAME AND TITLE] at [TELEPHONE NUMBER] or [EMAIL ADDRESS].

Sincerely,

____

[SENDER NAME]

____

For and on behalf of [ORGANIZATION].

附录6

数据控制者对数据主体提出数据删除要求的回应示例模版

Data Controller's Response to Erasure Request (GDPR)［CONTROLLER'S LETTERHEAD］

［DATA SUBJECT NAME/REQUESTER NAME］

［ADDRESS LINE 1］

［ADDRESS LINE 2］

［POSTCODE/CITY］

［COUNTRY］

［DATE］

Dear［DATA SUBJECT NAME/REQUESTER NAME］：

Response to ［Erasure Request Dated：［DATE］/Erasure Request［REFERENCE NUMBER］］

We write in response to the above-referenced Erasure Request. Article 17 of the EU General Data Protection Regulation（Regulation（EU）2016/679）（GDPR）grants data subjects the right to request erasure of certain personal data held by［ORGANIZATION］if one of the following grounds applies：

- The personal data is no longer necessary for the purpose we collected it for.
- The data subject withdrew its consent to our processing activities and no other legal justification for processing applies.
- The data subject objected under Article 21(1) to:
- processing, including profiling, that is necessary for us to perform a task in the public interest or in the exercise of our official authority; and
- there are no overriding legitimate grounds to process the personal data.
- The data subject objected under Article 21(1) to:
- processing, including profiling, that is necessary to pursue our or a third party'slegitimate interests; and
- there are no overriding legitimate grounds to process the personal data.
- The data subject objected under Article 21(2) to processing for direct marketing purposes.
- We unlawfully processed the personal data.
- EU or member state law requires us to erase the personal data to complywith a legal obligation.
- We collected the personal data in the context of offering online services to children under GDPR Article 8(1).

For more information on the rights granted under the GDPR, see [ORGANIZATION]'s Privacy Notice available at: [URL ADDRESS/OTHER LOCATION].

[We have reviewed your request[s] and have determined that we are unable to verify your legal authority to make the request on the data subject's behalf and therefore we cannot honor your erasure request. On [DATE] we requested additional information to verify your legal authority to make the request. However, the information you provided was insufficient.]

OR

After conducting a diligent search for records relating to your erasure request, we have determined that [we do not process personal data about [you/the data subject]/we have destroyed, erased, or made the personal data anonymous in accordance with our record retention obligations and practices].

OR

We have reviewed your request and determined that your erasure rights do not applybecause we do not process personal data for purposes that require us to identify you. As a result, we cannot identify you or your data to respond to your request.

OR

We have reviewed your request[s] and [consider [it/them] to be [unfounded/excessive] for the following reason[s]: [REASON(S) FOR CONCLUSION] and we are denying your request under GDPR Article 12(5)/have determined that applicable law allows or requires us to deny your request for the following reason[s]: [REASON(S) FOR CONCLUSION]].

OR

We have reviewed your request and determined that the GDPR permits us to deny your erasure request because the processing is necessary for:

[PURPOSE OF PROCESSING FROM ARTICLE 17(3)].

OR

In response to the erasure request we have:

- [Erased the personal data that you requested we erase.]
- [Taken reasonable steps to inform other controllers whoprocess the relevant personal data of the erasure request if we made the personal data public.]
- [Communicated the erasure request to each recipient to whom we disclosed the personal data, except where this is impossible or involves disproportionate effort.]
- [The recipients include: [RECIPIENT NAMES].]

[If we did not take action in response to the request [you have/the data subject has] the right to lodge a complaint with the relevant supervisory authority and seek a judicial remedy.]

If you have any additional questions, please contact [NAME AND TITLE] at [TELEPHONE NUMBER] or [EMAIL ADDRESS].

Sincerely,

____

[SENDER NAME]

For and on behalf of [ORGANIZATION].

附录 7

数据控制者对数据主体提出数据修正要求的回应示例模版

Data Controller's Response to Rectification Request (GDPR) [CONTROLLER'S LETTERHEAD]

[DATA SUBJECT NAME/REQUESTER NAME]

[ADDRESS LINE 1]

[ADDRESS LINE 2]

[POSTCODE/CITY]

[COUNTRY]

[DATE]

Dear [DATA SUBJECT NAME/REQUESTER NAME]:

Response to [Rectification Request Dated: [DATE]/Rectification Request [REFERENCE NUMBER]]

We write in response to the above-referenced Rectification Request. Article 16 of the EU General Data Protection Regulation (Regulation (EU) 2016/679) (GDPR) grants data subjects the right to correct their personal data held by [ORGANIZATION] or complete personal data that is incomplete.

For more information on the rights granted under the GDPR, see [ORGANIZATION]'s Privacy Notice available at: [URL ADDRESS/OTHER LOCATION].

[We have reviewed your request[s] and have determined that we are unable to verify your legal authority to make the request on the data subject's behalf and therefore we cannot honor your rectification request. On [DATE] we requested additional information to verify your legal authority to make the request. However, the information you provided was insufficient.]

OR

After conducting a diligent search for records relating to your correction request, we have determined that [we do not process personal data about [you/the data subject]/we have destroyed, erased, or made the personal data anonymous in accordance with our record retention obligations and practices].

OR

We have reviewed your request and determined that your correction rights do not apply because we do not process personal data for purposes that require us to identify you. As a result, we cannot identify you or your data to respond to your request.

OR

We have reviewed your request[s] and [consider [it/them] to be [unfounded/excessive] for the following reason[s]: [REASON(S) FOR CONCLUSION] and we are denying your request under GDPR Article 12(5)/have determined that applicable law allows or requires us to deny your request for the following reason[s]: [REASON(S) FOR CONCLUSION]].

OR

In response to your correction request we have:

- [Corrected the personal data that you indicated was incorrect.]
- [Completed the personal data that you indicated wasincomplete [including by recording the supplementary statement you provided].]
- [Communicated your correction request to each recipient to whom we disclosed the personal data, except where this is impossible or involves disproportionate effort.]
- [The recipients include: [RECIPIENT NAMES].]

[If we did not take action in response to your request [youhave/the data subject has] the right to lodge a complaint with the relevant supervisory authority and seek a judicial remedy.]

If you have any additional questions, please contact [NAME AND TITLE] at [TELEPHONE NUMBER] or [EMAIL ADDRESS].

Sincerely,

____

[SENDER NAME]

For and on behalf of [ORGANIZATION].

附录 8

数据控制者对数据主体提出数据访问要求的回应示例模版

Data Controllers Response to Access Request (GDPR)［CONTROLLER'S LETTERHEAD］

［DATA SUBJECT NAME/REQUESTER NAME］

［ADDRESS LINE 1］

［ADDRESS LINE 2］

［POSTCODE/CITY］

［COUNTRY］

［DATE］

Dear［DATA SUBJECT NAME/REQUESTER NAME］:

Response to ［Access Request Dated:［DATE］/Access Request［REFERENCE NUMBER］］

We write in response to the above-referenced Access Request. Article 15 of the EU General Data Protection Regulation (Regulation (EU) 2016/679) (GDPR) grants data subjects the right to:

- Obtain confirmation that［ORGANIZATION］processes their personal data.

- Receive certain information about the processing.
- Receive a copy of the personal data we process.

In addition to the access right, the GDPR also grants data subjects the right to:

- Request correction or erasure of their personal data.
- Restrict or object to certain types of data processing.
- Make a complaint with the local data protection authority.

For more information on the rights granted under the GDPR, see [ORGANIZATION]'s Privacy Notice available at: [URL ADDRESS/OTHER LOCATION].

[We have reviewed your request[s] and have determined that we are unable to verify your legal authority to make the request on the data subject's behalf and therefore we cannot honor your access request. On [DATE] we requested additional information to verify your legal authority to make the request. However, the information you provided was insufficient.]

OR

After conducting a diligent search for records relating to your access request, we have determined that [we do not process personal data about [you/the data subject on whose behalfyou made the request]/we have destroyed, erased, or made the personal data anonymous in accordance with our record retention obligations and practices].

OR

We have reviewed your request and determined that your access rights do not apply because we do not process personal data for purposes that require us to identify you. As a result, we cannot identify you or your data to respond to your request.

OR

We have reviewed your request[s] and [consider [it/them] to be [unfounded/excessive] for the following reason[s]: [REASON(S) FOR CONCLUSION] and we are denying your request under GDPR Article 12(5)/ have determined that applicable law allows or requires us to deny your request[s] for the following reason[s]: [REASON(S) FOR CONCLUSION]].

OR

After conducting a diligent search for records relating to your access request, we have confirmed that we process [your/the data subject's] personal data. Article 15 of the GDPR entitles data subjects to the following information:

1. We process the following categories of personal data about [you/the data subject]: [CATEGORIES OF PERSONAL DATA].

2. We process the listed categories for the following purposes: [PURPOSES OF PROCESSING].

3. We disclose the personal data to the following recipients or categories of recipients: [RECIPIENTS OR CATEGORIES OF RECIPIENTS]. [[RECIPIENT OR CATEGORIES OF RECIPIENTS] are located outside of the country where [you/the data subject] live[s] [including in: [COUNTRIES]]. [When we disclose the personal data to recipients located outside of [your/the

data subject's] home country, we use appropriate safeguards to protect the personal data, including: [SAFEGUARDS FROM ARTICLE 46.]]

4. We collect the following categories of personal data from sources other than [you/the data subject]: [CATEGORIES OF PERSONAL DATA]. The sources of these categories of personal data include: [publicly available websites,] [third-party data brokers,] [and] [or] [THIRD PARTIES OR CATEGORIES OF THIRD PARTIES].

5. We store the listed categories of personal data for [[STORAGE PERIOD]/as long as necessary to fulfill the purposes we collected it for, as required to satisfy any legal, accounting, or reporting obligations, or as necessary to resolve disputes.] [To determine the appropriate retention period for personal data, we consider the amount, nature, and sensitivity of the personal data, the potential risk of harm from unauthorized use or disclosure of your personal data, the purposes we process your personal data for and whether we can achieve those purposes through other means, and applicable legal requirements.]

6.[We do not use the personal data for solely automated decision-making or profiling.

OR

We use the personal data for automated decision-making [, including profiling,] for the following purposes: [PURPOSES OF PROCESSING]. We use the following [information about [you/the data subject]/criteria] in the automated decision-making [or profiling] process: [CATEGORIES OF

INFORMATION OR CRITERIA]. The consequences of the automated decision-making [including profiling] are: [SIGNIFICANCE OF THE AUTOMATED DECISION-MAKING FOR THE DATA SUBJECT].]

7.[In response to your request we are [enclosing a copy of [some of/all of] the personal data we process about [you/the data subject] in a commonly used electronic format/enclosing a hard copy of [some of/all of] the personal data we process about [you/the data subject]]. [We are unable to provide a copy of some of the personal data you requested because [disclosure would violate the rights and freedoms of third parties,] [applicable law allows or requires us to refuse to provide access to certain personal data we process about [you/the data subject],] [and] [or] [we have destroyed, erased, or made certain personal data anonymous in accordance with our record retention obligations and practices].

OR

We are unable to provide a copy of the personal data you requested because [disclosure would violate the rights and freedoms of third parties,] [applicable law allows or requires us to refuse to provide access to the personal data we process about [you/the data subject],] [and] [or] [we have destroyed, erased, or made the personal data anonymous in accordance with our record retention obligations and practices].]

[If we did not take action in response to the request [you have/the data subject has] the right to lodge a complaint with the relevant data protection authority and seek a judicial remedy.]

If you have any additional questions, please contact [NAME AND TITLE] at [TELEPHONE NUMBER] or [EMAIL ADDRESS].

Sincerely,

____

[SENDER NAME]

For and on behalf of [ORGANIZATION].